10th Anniversary

U0931541

夜伴三庚

韩庚

Han Geng

北京联合出版公司
Beijing United Publishing Co.,Ltd

10th Anniversary

十年庚心　莫逆于心

夜伴三更

序言
送给你们，我生命的不离之客

你们的爱是我的翅膀，给我穿越风雨的力量。感动微笑是我们的信仰，快乐忧伤有你们和我分享

今年，公历 2015 年，我出道十年。

十年，对我而言，有着特别的意义，于是想做点事儿以纪念这个特殊的日子。这十年来，我了解最多的是我自己。前几年，友人建议我出书，我迟迟不想动笔。我能写点什么？懒、轻狂、浮躁。而今，经事儿多了，也更喜欢没有通告、活动时独处的那段时间。跟自己对话多了，便有了很多很多的故事。这些故事，我听得入迷，也想说给你听。

于是，就有了这本书。

写的时候，我就想，我的成长和感悟最想分享给你们——我的歌迷、影迷，原谅我不善表达，希望文字可以聊表心声。

每次一个人走在茫茫人海中，我都会觉得迷茫，不知道下一步该往哪里走；每次完成一个重要的挑战时，我都会有一小段空白的

时间，就会觉得内心很苦很空。这样的时刻很多，多到我想要放弃，但我知道自己不能放弃。

因为有一群爱我的歌迷、影迷，给了我前进的力量。你们就像我的家人一样，给我最温暖的怀抱，让我成长为一个坚强的男人。现在纵然用千言万语，也说不完对你们的感谢，我要对你们说，你们的付出，我其实都知道。

在韩国那段时间，周围一切都是陌生的。我时常感觉呼吸的空气都是陌生的。因为语言不通、性格不奔放，很少有人愿意和我交朋友，憋屈了只能自己消化。长时间以来，我练就了消化孤独的强大能力，所以对不熟悉的人和事，我会防备和抗拒。

那段时间的自己沉默多于诉说，想家便成为家常便饭。有时候孤单到觉得自己很可悲，一句话都不愿意多说。远在他乡，那些曾经的欢声笑语都渐渐离我远去了，真有种被全世界抛弃的绝望。在这种孤单无处诉说的境况下，个人网络空间成了我深夜里倾诉的对象，我感觉孤单的自己有了安放心的地方。每天都有很多歌迷、影迷给我加油打气，我每天训练完就会看。看着看着，慢慢发现自己的笑容变多了，就是这样润物细无声的问候，让我觉得我不是一个人。

要说起我最苦涩的回忆，就是在韩国表演被禁，不能露脸只能戴着面具在舞台上跳舞的那段时间。

我看到了很多粉丝为我觉得心疼，为我流眼泪，有的甚至到 SM 公司楼下彻夜排队表示抗议，并要求公司能合理解决问题。

其实那个时候你们为我做的努力我都有看到，看到你们为了我承受那么多心酸，我多想真正变成你们的“哥哥”陪在你们身边，为你们擦干眼泪,劝你们早点回家,不要被冻着了,可惜我不能……

后来,我经常回忆起当时的情景,我也一直感叹,不过是萍水相逢,你们却为了我毫不保留地付出，除了感谢你们的一路陪伴，我还能做什么呢?

感谢你们为我加油打气，给我写很多励志名言，一遍遍对我说要坚持下去，要坚持下去！很多次想放弃的时候，只要看到你们那些温暖的鼓励，贴心的话语，瞬间充满了能量，也就变得勇敢了许多。

谢谢你们为了给我积攒人气，带动众多歌迷为我投票，谢谢你们，默默守护着我；而我最开心的，是我竟然有着一批最有才最贴心的歌迷。

记得在我 23 岁生日的时候，歌迷们自己制作了一首歌《爱的翅膀》送给我。我一定要承认，这是我收到的最棒、最令我惊喜的生日礼物。我特意将这首歌收录在我的第一张专辑《庚心》里，我将这首歌改编了一个我自己的版本，对于所有“庚饭”们，这首歌代表了我的感激与感谢……你们懂我，如此了解我，奋力守护我和我的梦想；我也要感谢你们，感谢的心永远为你们祝福。

你们的爱是我的翅膀，给我穿越风雨的力量。解约事件发生后，我真的有放弃做艺人的念头，然而你们一直对我不离不弃，你们的力量让我重新鼓起勇气，再一次整装出发。坦白讲，你们中的很多人我都不认识，但却是支撑我坚持下来的坚强后盾。

这么多年，你们见证着我的改变，我也见证着你们的成长。在我迷茫的时候，你们在我身旁为我加油打气；在我转身做演员的时候，你们也默默给予支持；在我每一次尝试挑战时，都有你们最坚定的目光和最有力的鼓励；在我坚定地做公益时，你们也一同

十年庚心　莫逆于心

加入献出一份爱心……谢谢你们，默默守护着我。

我知道无论说多少，都不能表达出我对你们的感激，十年相伴，绝不简单。我还是要啰唆地说一遍，我很感谢你们，我很爱你们。

书名叫《夜伴三庚》，音同夜半三更，意为而立之年的我，在如深夜般寂静神秘环境中的自我感悟和倾诉。第一次把自己的心扉完全敞开，还写了那么多文字，有点紧张，也希望你们读后有一些关于人生、关于未来、关于梦想的感悟吧。

生活在继续，我们在成长，对自己说：“下一个十年，加油！”

Night 1

再见·童年

时间不断流逝，年华在我们的脸上留下了岁月的痕迹。尽管过了很多年，可是在那些无数辗转难眠的夜晚，脑海里浮现出来的依然是那些最纯真的时光——童年。

EVAN
EIXEIRO

—— 赛车 ——

童年，多么美好的一段时光，可惜已经在我的脑海中定格了。回忆起小时候，最幸福的应该是 12 岁之前吧。

小时候对理工科感兴趣，很喜欢模型，为了避免我因为玩而荒废学业，我妈给的零用钱很少，每个星期花多少都控制得很严格。我只能把吃早点的钱省下来攒着，攒的多了，就拿去买一些赛车模型，然后自己改装发动机、轴承，拼一些方程式赛车，改好后就拿去参加比赛。

一开始，妈妈很反对我玩这些，觉得会影响我的学习，于是我就只能偷偷摸摸地继续着这些爱好。偷偷地组装赛车，去参加比赛，每次参加比赛，我都能获得名次，赢了以后还有一些奖品，有帽子、T 恤、模型等。看我没有影响学习，乐在其中的样子，妈妈也就没反对了。那时觉得特别开心，也非常有成就感。

以为自己的童年就会一直这样，和喜欢的赛车、模型为伍。甚至曾经想过，长大后当个赛车手或者模型师。

—— 初登舞台 ——

有一次，被老师选去参加学校的文艺汇演，第一次站在舞台上，很紧张，看到台下黑压压的人群，有一种窒息的感觉，想迅速逃离这个舞台，不过我还是强忍着，继续完成自己的表演。下台后，以为自己刚才的表现很差，就在心里一直自责，心想，刚才一定很丢人。

万万没想到，老师却一直夸奖我，同学也纷纷过来鼓励我。而我，却以为他们只是为了安慰我，心里越想越觉得没面子。正当我垂头丧气地待在人群中，学校里的一个舞蹈老师却找到了我。

他觉得我的身材、体型方面的条件很好，非常适合跳舞，就跟我说：“你来我这里学跳舞吧，我可以免费教你。”

还是个孩子的我也不知道该怎么回答他，他就一直跟我说学舞蹈的好处，还感叹我这么好的条件不学舞蹈真是可惜了……他说了很多，我内心还是有一点儿动摇的，就回去找爸妈商量。当时家里很多亲戚都不支持，觉得男孩子跳舞很女性化，都持反对意见。唯独外婆很支持我，因为她从小就喜欢跳舞，就把她的理想寄托在我身上吧。也是在外婆的坚持下，我爸妈才被说服，同意我去学舞蹈。

从此后就开始了业余学舞蹈的生活，学校大大小小的文艺活动都有我的身影，逐渐习惯了站在舞台上，就不会紧张了。

到五年级的时候，老师建议我去考北京的专业舞蹈学校。一开始，我特别兴奋，心想自己长这么大还没离开过家呢，又是去北京，就特别想去试试。

爸爸还比较理智，表示愿意尊重我的想法，但是妈妈觉得我太小了，舍不得我离开。

爸爸找我聊天，他很严肃地对我说："你一定要想好了，你自己选择的路，就不能反悔，你去了北京，再苦再累，都得自己扛着。"

虽然那时我还小，但从爸爸严肃的表情中，我能感觉到事情的严重性。我也没考虑太多，就简单地想离开家，出去看看，过自己的生活。

于是，在 12 岁那年，我离开家，来到了北京。

—— 离开家的小时候 ——

小孩子想事情就是这么简单，只会想到自己玩得开心就好了，根本不会权衡利弊。真正开始一个人在北京的生活，还是挺不适应的。

直到亲身感受，才能体会到独自生活的不易，那时才 12 岁，很多东西都不会，就更别说生活自理了。

不会洗衣服，更不会叠衣服，还好学校里有洗衣机，洗一次衣服 2 块钱一桶。我每次就把所有衣服乱七八糟地塞进洗衣机，甩干之后也不知道要晾干，一股脑儿地塞到柜子里，等要穿的时候，拿出来衣服上面都是褶子。好几次我妈来看我，都说我穿得跟打游击似的。

后来，每次妈妈来学校看我，就帮我洗衣服，还有被单什么的。那时觉得有妈妈在身边是多么幸福啊，每次她要走的时候都很不舍，一直拉着她的手不愿意放开，妈妈就会哄我说过几天再来看我，那时候真信了，结果等了一个学期也不来，就会觉得妈妈太狠心。稍微长大一点儿才理解是因为往返车票很贵，妈妈来看我的次数就很少。

12 岁，应该还有很多孩子依然在爸爸妈妈身边撒娇，过着衣食无忧的生活，但是少小离家的我们不得不面对离开父母的残酷现实，必须学会照顾自己，生病了没有妈妈温暖的怀抱，只能自己强撑着去医院。摔倒了自己爬起来，想哭的时候只能一个人躲在被子里哭，尽管我们已经锻炼得很坚强，但是我们还是生活得挺邋遢的。

同宿舍有个同学从来不洗袜子，只要把他的褥子掀开，就看到下面压的全是穿过的袜子。后来没办法，他妈妈就帮他买了一箱袜子，让他穿完就丢，直到再长大一点儿，实在没有袜子可以穿了，他才开始学习洗袜子。

上学时，因为是公共浴池，洗澡很麻烦，我们只能一星期洗一次澡。而我们每天都得练功，衣服上都是一块一块的汗渍，练完功就把衣服都塞在包里，然后就和同学去玩了，第二天拿出来继续穿，衣服上总是弥漫着一股很浓的馊味。

经常练着舞，就能闻到衣服上的味道，加上身体不断出汗，衣服黏黏的，被那个味道熏得受不了，就会无数次在心里想，如果妈妈在身边就好了。不过，这都是奢望，只能想想罢了。

—— 学舞蹈的日子 ——

舞蹈，占据了我整个青春期的时光，当别的孩子已经开始叛逆，开始打游戏、谈恋爱的时候，我的生活里却只有舞蹈。

我们班是要上早功的，每天早上五点起床，开始跑步。即使是寒风飒飒的冬天也必须坚持，冬天的五点钟天是黑的，跑完步还是黑的，就摸黑去吃早餐，然后开始一天繁忙而丰富的课程。

我最痛苦的记忆，就是练习压腿那段时间了。刚刚到民族大学时，我的骨骼已经有些硬了，练习压腿时，老师让我们一字开，还要开到最大，不行的话，老师会直接坐你腿上，把你的脚往旁边拉，那时痛得都无法用语言来描述，冬天汗水都会止不住往外流。还能听到旁边很多同学痛得都哭了，尽管哭得厉害，老师也不会就此减轻练习强度，而是对我们要求更加严格了。

还有很多训练，我们只要动作稍微有一点儿不到位，老师就会打我们的手；要是一个动作怎么都学不好，老师就会让我们一直保持一个姿势不准乱动，像站军姿一样……尽管这样的训练方式很严格，却能让我们很快学会标准动作。

每次课程结束，回到宿舍，就看到身上青一块紫一块，到处都在痛，有时候感觉身体都不是自己的了，也不好意思在同学面前哭，只能一个人捂着被子哭；情绪太崩溃时就特别想回去，但是想起爸爸和我说过的那些话，我只能忍着。

我们班原本有 16 个男孩，在这样的高压下，第二年就降级退学了 4 个，只剩下 12 个男孩了。

那时候，我就在心里暗暗发誓，以后如果有小孩，绝不让他学舞蹈，实在是太苦了。

或许，这就是成长的代价，总要为一件事情奋不顾身地努力奋斗，才能让自己越来越优秀。

现在回想起自己的童年，有开心也有苦涩。不过这样的时光已经走远，既然已经回不去，那就只有把它封存在回忆里了。

Night 2

徘徊・旧时光

年华已逝，但记忆犹在。人生总是这样，要苦上一阵子，才知道什么是甜。

New stores power retailer
Defaults on local govts' debt 'unlikely'
Some could face difficulties with repayments in the short term
'Premature
China offers economic aid

— 毕业后的迷茫 —

如果有一天我迷路了怎么办呢?
向前走,
除了向前走还有别的办法么?

毕业,是一首苍凉的诗,永远都是那么的伤痛,就像撒在伤口上的一把盐,时时刻刻刺痛着那正在流血的伤口,那清晰的印迹诉说着无尽的心酸故事,慢慢地学会隐忍,学会把悲伤藏在心里。

18 岁的时候,我中专毕业。
拍完了毕业照,我和同学们约定好在一个餐厅吃散伙饭,那天我们有聊不完的话,说不完的叮嘱,流不完的泪;我们一边喝酒一边谈天说地,说未来的期盼和发展方向,喝到最后,大家都醉了。也不知道是谁带的头,说要砸酒瓶子,我们就喝一瓶砸一瓶,困了就躺地板上睡着了。到第二天醒过来的时候,才发现身边一片绿色，全部都是碎酒瓶碴子。

也许那就是我们最后的“任性”了，我们的伤痛更没人能体会，虽然每个人离开的时候都说：“放心，我们还会再见！”

可我们心里都明白，离开了，大家就变成天涯沦落人了。说好的后会有期，其实更多的是后会无期，现在回忆一下，班里 50 多个人，后来再见过的也就是寥寥的几个人而已。

最怕去车站送人了，在分别的时候，我们紧紧拥抱，然后不得不分开；分开走的时候我总是想回头去看，想努力用眼睛记住每一个离开的背影，可是越看越伤感。朋友提醒我不要回头看，回头看了自己会受不了的。

比离别更揪心的就是迷茫和彷徨，没有清晰的目标，也不知道自己能去做什么，就像一只无头苍蝇一样到处乱撞；看到宿舍里的

同学们一个个把行李搬走，心里的孤独感也慢慢上升，有一段时间经常失眠，每天在想，我未来能做什么？我以后会成为一个什么样的人？

一次巧合的机遇，我参加了 SM 公司的选秀活动“H.O.T. China Audition Casting”，我很幸运地被选上了，可是他们说因为是外国人签约韩国的演艺公司，需要办很多程序，他们就让我再等等。

可是谁也不会知道这个事情什么时候能确定下来。

有一天，一个朋友约我一起去考上海金盾艺术团，那个时候就只是单纯想去闯闯这世界，毫无顾忌，年轻的心告诉我，想走就走吧，想做就去做！

心里想，外面的世界那么大，只要足够坚强，一定能闯出一片天地。

金盾艺术团要经过一系列严格的专业考试才能被正式录用，淘汰率非常高。

考完就和朋友回学校了，觉得考上的几率不是很大，回学校后在网上查看各种机会，看到感觉不错的就把简历投过去。

幸运的是，我和朋友被金盾艺术团录取了，和他们签约的话还能送一套房子。

收到录取通知书的时候，心跳加速了几秒，仿佛是彷徨太久的心终于找到一个安身立命之所，也算找到一点儿存在感和归属感。

妈妈觉得去那里挺好的，但自己觉得没什么自由，还是想出去闯一闯，最终我还是没有去报到。

现在想想，如果当初我做了不同的决定，去金盾艺术团报到了，韩庚应该就是另一个样子了吧……

— 北漂故事 —

年轻的心总是充满无限迷茫的。我最迷茫那段时光，应该就是加入“北漂”大军的时候吧，记忆中都是北京炎热的夏天，北京那永远不属于自己的繁华。在那个偌大的城市，没有人看到你的无奈，更没有人知道你的心酸……

那是一个非常炎热的夏天，北京持续着 38 度的高温，又闷又燥热，而我的心情，更多是迷茫和彷徨。

七月，学校放假，发了最后通知，所有毕业生必须搬出学校，我不得不告别自己住了很多年的学校宿舍，拿着行李从宿舍里出来，也不知道自己要去哪儿。

本来想在北京找到一个价格实惠、环境还好的房子先住着，但是之前一直在学校的庇护中我觉得自己真是有点儿不食人间烟火，出去转了一大圈，发现北京的房租真的很贵，而且是押一付三，我还没有那么多钱去支撑。

傍晚时分，夜色逐渐深了起来，已经是万家灯火了，我一个人拿着行李箱站在十字路口，向左还是向右，找不到任何方向，有一种被全世界抛弃的感觉。

鼓起勇气给一个朋友打电话，他一定听出我语气中的无奈，犹豫了一下，很痛快地说："去我那里住吧，正好我还有个房子空着。"

那是一个两室的屋子，有一个房间住着他的一位朋友，另一个房间则用来养他的狗。

住在另一个屋子的朋友出差了，已经有三天三夜没有人管那条狗了，屋子里到处都是狗的粪便和它撕碎的东西，整个屋子都是狼狈不堪的模样。

我走进屋子的时候，扑面而来的是一股浓烈的腐臭味，到处都是狗的粪便和尿，让人有一种窒息的感觉。我一开门，那条狗就疯狂地跑到卫生间去喝水，看来它已经渴了很久。

当时看到那条狗，觉得他很可怜，但是和它比起来，貌似自己也挺可怜的，起码它还有一个安身的住所。如果我也是一条狗的话，它是一条缺爱的宠物犬，我就是一条可怜的流浪狗！

那个屋子很小，只能放下一张木板床，里面还有一台小电视，屋子太小，电视就只能搁在墙角。我在自己行李箱里找了很久，才找到一块长度合适的毛巾蒙住鼻子去清理狗的粪便。

此后，我在那个曾经是狗住的屋子里住了下来，尽管我把屋子收拾了好几遍，但是依然能闻到一股让人不舒服的气味，而那条狗，就被“赶”到了客厅。

我住在那里的那段时间，就尽量把自己觉得好吃的东西留给它一些，早晨锻炼的时候也带它出去溜溜。

由于这间房子的房租也挺贵的，我看钱快要花光了，就不得不从这个屋子搬出去。

临走时，那条狗一直跟着我，看到我一件件收拾行李时，它就在旁边用很幽怨的眼神看着我，我能看出它的不舍。直到我拿着行李箱出门，它还是从门缝里钻了出来用类似嚎叫的声音想要留下我，可惜动物是不会说话的，它那个时候的嚎叫，我听着很像人类哀痛的哭声。

虽然搬走时还是很舍不得那条狗，可是该离别的总是要离别的，我最后还是“抛弃”了它搬走了。

在北京的大街上走了很久，不知道自己应该去哪儿，就再次鼓起

勇气给朋友一个个打电话，看能不能去蹭住，终于给一个朋友打电话时，他没有表现出不方便，嘘寒问暖了一阵他果断地说："那你就来我这里住吧！"

当我怀着很感激的心情按照朋友发给我的地址找到他的时候，我对眼前的一切感到惊讶，他租住的地方竟然是一个毛坯房，没有经过任何修饰和装饰，还能看到砖的轮廓。

进入他的屋子，更被眼前的一幕吓到了，他住在一个没有光的屋子里，屋子的地板上还丢了很多酒瓶和烟头，屋子里还散落着很多垃圾，一看就是很久没打扫了，屋子里散发出一股难闻的味道。

也许是朋友看出了我的惊讶，就有些不好意思地和我说："大男人嘛，平常也不怎么收拾，要是不嫌弃的话，就暂时在这里住下吧，我一会还要去上班……"重重地拍了几下我的肩膀，他就出去了。

我一个人把凌乱的屋子收拾了下，感觉比刚刚进来时好多了，也许是太累了，收拾完后，我就用一个床单铺着，躺在地板上睡着了。

在这个屋子里住了几天，有活的时候就去一些活动上跳舞挣钱，由于很不稳定，也没挣到多少钱。

— 深漂故事 —

SM 公司的合同一直没有来，我给他们打电话，总是说让我再等等。一天，我身上只有几十块钱了，我只好再给我妈打电话让家里寄了 500 块钱。

那时候孙乐已经在深圳歌舞团工作了，他给我打了一个电话，他的声音充满朝气，希望我去深圳。

和他通话后，我像是在迷雾中的孩子找到了通向光明的出口，终于看到一线希望。被他的热情召唤着，也抱着要出去看看的心态，就用了 400 块买火车票去了深圳，由此开始了在深圳的漂泊。

本以为在北京漂得不是很如意，去了深圳从此人生便会开始繁花似锦了，再者还有朋友在这里，生活应该是非常精彩的。可是我总是想得很简单，却忽视了现实永远比想象中还要残酷。

刚刚去到深圳，被深圳迷人的夜景吸引了，更被那一栋栋华丽又有风格的大厦吸引了，那个时候我暗自下定决心，要努力在深圳闯出自己的一片天地来。可是还没等我开始行动，就发生了一些“有趣”的事情。因为那边是特区，自己也不是很了解深圳的情况，刚去到那边没有通行证，居然被扣了下来，我身上只有十几块钱，一路上没有吃饭，连一口水都没喝过，更没有足够的路费返回北京，他们打算把我和很多没有通行证的人送上下一趟火车……

感觉自己像被驱逐的难民，迷茫又无助；或者像犯罪的犯人，就这样被关在了暗无天日的黑屋子里，等待着自由的曙光。

幸好通过妈妈之前在深圳打工认识的一些朋友帮我补办了临时通行证，才得以把我领出来。

从那里出来后，感觉自己像被逮入网的鱼儿又被放生了般，才懂得自由是多么幸福。

— 看不到光的生活 —

后来我也考上了深圳歌舞团，就开始了在深圳的稳定生活。但是，偏偏这时 SM 公司的电话打过来了，他们说真的可以签合同，让我去北京。

Reform
required
for growth

我有些犹豫，最终还是辞掉了在深圳歌舞团的工作，再次回到北京。那时候已经是冬天了，手上剩下的钱也不多，只能暂时住到了相对来说便宜的地下室。

本以为这次去北京就能顺利签约的，可惜命运再一次和我开了一个很大的玩笑，SM 公司那边给的回复是："因为又出了点问题，所以又签不了合同了。"

听到这样的消息，我再次被打入了失望的深渊，不知道前方的道路应该怎么走，再回深圳的话，也是不可能的。我思考了很久，也无数次后悔自己做的选择，但是没有办法，我只能向前走。

我选择留在北京等，没有太多钱，只能继续住在地下室，没想到自己在地下室一住就是半年。那个地方，没有阳光，进去的时候总透着一股霉味，睡觉时被子都是潮湿的，夏天的时候感觉是黏黏的，冬天则是刺骨的冰，现在依然记得冬天回到屋子里时，必须先用吹风机把被子完完整整吹一遍才能躺上去……洗过的衣服也永远不会干，只能在穿之前也用吹风机吹吹。

夜深人静时，有些失眠，有时候就想，我为什么要来吃这份苦，为什么住到了这种暗无天日的房子里，我一个中央民族大学毕业的高材生，为什么过上了这样的生活……想着想着，就睡着了。

其实现在回想起自己住地下室的时候，都有点儿佩服那时的毅力和勇气，在那个极度没有安全感的年龄，面对生活的苦，也许只能选择去克服吧。

虽然租住地下室已经很便宜了，但是为了付得起几百块的房租，我还是得出去找机会挣钱，最能给自己安全感的，就是努力多挣一些钱。

还好有学舞蹈的功底，我和几个朋友组成团队，在一些商场、酒吧、发布会上跳舞。一个舞蹈能挣 50~100 块，条件很艰苦，每天都很累，要跑很多个地方，但是我感觉很快乐，每天过得很充实，也许这就是简单的快乐吧。

其实每个人的年轻时代都有一段极其艰苦而又迷茫无助的时期，只要自己能再坚持一下，就会变成自己世界里的英雄。

现在想起那段时光，有辛酸也有温暖，有苦涩也有收获吧。我觉得，人生的苦和难，都是上帝赐给的福利，正确看待它们，就会是每个人一生的财富。

— 有一种努力叫沉默 —

青春是充满无限迷茫的，总是问自己，未来的路在哪里呢？其实，每个人的路，都是自己一步一步走出来的。

有人问过我一个问题，什么是青春？你的青春又是什么样的？
我觉得青春就是看过花开，又看花落，人生必须经历的一段旅途，就仿佛梦一场。

在我的记忆中，我的青春始于十二岁，终于十八岁。

一段时间里，韩流风靡中国，正好是 H.O.T. 最流行的时候，周边的朋友很多都看着电视学习 H.O.T. 的舞蹈，偏偏我对韩流不是很感冒，也没有特别关注他们。

2001 年的一个早晨，我在排练厅练习，为毕业汇报做准备，一个师哥带着一帮人去我们学校拍照，拍完照后，留了我的电话号码，并告诉我 12 月 27 号在长城饭店有一个“H.O.T. China Audition Casting”选秀比赛，他们希望我能去参加这个比赛。

当时对他们公司不是很了解，也没什么兴趣，就没当回事儿。然而，我的一个朋友怀抱着特别强烈的明星梦，对这个事情特别感兴趣。

他很想去参加这个面试，就想说服我也去参加，我并没有特别强烈的愿望，眼看百般劝说都没有效果，最后他说我去的话就帮我出所有车费，我想想自己也没损失什么，就和他一起去参加了面试。

抱着试一试的心态，我填了报名表，并表演了几个才艺，表演完后，我被叫到一个屋子里和负责人谈话，他严肃地问我："去韩国参加培训，未来有机会成为一个亚洲明星，你家里人会不会同意呢？"由于我一直是比较自立的人，就很果断地回答说没有问题。

出来的时候，却再也没有找到那个说要帮我出车费的人了，反倒是我回到学校碰到他的时候，他用责备的语气说："那天等了半天不见你人影，就自己先回学校了……"

—— 幸运者 ——

很长一段时间，我都在等一个电话，可是等了很久，也没有等到，直到我都忘了这件事情，心里也不再抱有什么期望了。

一天，我正在午休，电话响了起来，是一个陌生的号码，本以为是快递或者是有人找我去跳舞，可是对方专业的自我介绍让我的心跳加速了几秒。

他自我介绍是SM娱乐公司的工作人员，并通知我，我被选上了，但由于是外国艺人则需要办很多手续，他们让我再等等……

这一等，就过了两年，中间这段时间做过北漂，也去深圳漂过，住过地下室。很想去考北京电影学院表演系，但是感觉学费太贵了，每年一万多，超过了自己家庭能承受的范围，也只能放弃了。中途回过老家牡丹江艺校教课，在那里上了十天的课，他们给了我一千块钱，那段时间身体很不好，经常生病，赚到的一些钱基本也花光了。

直到 2003 年，SM 公司再次给我打电话，说真的可以签约了。

经纪人打电话跟我说了一些注意事项，他说了些什么都不记得了，现在只能想起接到这个电话时的状态，整个人被无限的兴奋和激动填满了，甚至感觉病都瞬间好了。

我马上打电话告诉妈妈，妈妈替我开心，不过她也有自己的担忧，儿子要出国了，以后见面的机会就更少了。

我能听出妈妈语气中的一些落寞，可那时没想那么多，就想着这是一个不错的机会，能学跳舞、学唱歌、还能有一个月 4000 块的生活费，包吃包住，又能学到东西，我一定要把握好这个机会。

去 SM 公司办事处报到后，他们给了我一份好几页纸的艺人签约合同，我仔细看了合同，但是乙方只有一条，必须服从甲方所有安排，合约时间为十三年。

拿到合约，我考虑了几天，想着不签没有机会，就想要多学习，如若被骗了，就回来考大学。于是，最后还是决定签约。由于当时我年龄太小，还不具备法定代表人资格，就只能由父母代签。

我把爸爸叫来，一起去了办事处签合约，在最后签字盖章环节，爸爸又一次慎重地问我："儿子，这时间要得太长了吧，是不是考虑清楚了，要不咱回家吧，不签这个合约了！"

我很果断地回道："反正有培训的机会，不行那就不干了吧，继续跳舞。"

爸爸说："行，你喜欢，你选择就行了。你想好了，不管是失败还是成功，你自己得承受着。”

最后爸爸流着泪签了这个合同。

回到宾馆时，爸也不说话，就开玩笑说：“最后我把儿子卖了。”

当时我听了好伤心，就在心里暗暗发誓，以后一定要混好了让爸爸过上好日子。

爸爸那句话，我刚开始还没有去想太多，等到出道以后，又签了一份合约时，那时候觉得爸爸心里很明白很明白。这些经历，对我以后的成长、事业也有很大的帮助，不管好与坏，放好心态吧。好，那是运气好；不好，那是给你经验，给你教训，以后你要挺住。

就这样，一纸合约签订，怀揣着梦想和对未来的无限期望，我孤身前往韩国。

本来期待已久的机会终于来临时，我应该是充满喜悦的，可是这一天真的来了，内心却隐隐有些不安和不舍。

— 离家 954 公里 —

经历的离别多了，越来越怕到一个陌生的地方，好怕一个人在漆黑的地方找不到归宿，找不到温暖，可是必须走了，心酸不断袭来，最后只能无力地顺从。

离开熟悉的地方，为了看不清的未来寻找一条出口，你不清楚前方你将面对的是什么，但你知道你会想念这里，想念这里的人，想念这里的一草一木。

现在还记得那个时候在首都机场，有很多朋友去送我。也许是离别的缘由吧，平常比较闹腾的我们都有点沉默，就连一直是我们团队的气氛担当都不怎么说话。直到我换了登机牌，托运好行李，他们才一一拥抱了我，并七嘴八舌地嘱咐我一定要照顾好自己，累了就要好好休息！

他们的嘱咐，我全部都听进去了。为了缓解一下稍微有些伤感的气氛，我假装轻松地开玩笑，并再次挤兑起他们来。

机场提示音响起，提醒我那趟班机的乘客尽快登机。再次拥抱了朋友们，我径直走进安检区域，我不敢回头看，怕回头了，自己会犹豫。

办好出境手续，感觉有一种强烈的东西揪着我的心，心有点微微的痛感，这个时候终于忍不住，眼泪止不住地流下来。

954 公里，1 小时 20 分钟的空中飞行，终于安全到达首尔仁川机场。

飞机落地，第一次看到这个陌生的国度，有点儿惊喜，有点儿迷茫。

指示牌上写的都是我不认识的韩文，身边经过的人讲的也是我听不懂的语言，感觉自己像是浓雾弥漫的黑夜中迷失的孩子，看不清前方，突然有种窒息的感觉。

还好，公司派来的向导认出了我，并带领我走出机场，坐上车，我就径直去公司报道了。

在韩国做练习生的生活，每天都很充实，也很辛苦，不许生病、不许请假、不许带手机、不许随便回家……还有很多类似于这样苛刻的规定，每天都有不达标被遣退或熬不过而自愿放弃的练习生……

那段时间，压力大了可以哭，但是在东飘西荡的年月里，自己连哭的时间都没有，哭的时间要用来讨生活，想办法填饱肚子。

在受训时曾骨折两个月而不知，直到有一天做俯卧撑时感到疼痛，去医院拍片，医生才告诉我：“你的胳膊骨折两个月，现在已经长好了。”

超负荷的训练之外，为了保持体形，还得每天忍饥挨饿，不能吃主食，有时候的午饭就只是一小块面包，太饿的时候只能一口口喝水，以缓解胃的饥饿感。每个学员都要定时接受“镜头测试”，以判断出道前是否需要整容。

身体很累，还要承受肉体的挨饿，很多时候训练完就累瘫在排练厅，直接躺在排练厅的地板上休息，每次想要放弃的时候，就对自己说，再坚持一会儿，再坚持一会儿！

我的韩语很不好，每天都要拿出很多时间来学习韩语，当时我学得特别认真，每天就像学英语一样拿张小纸写上：阿尼哈赛呦……我的墙上都贴满了小纸条，每天看着看着就睡着了……还好凭着坚持不懈，我现在基本可以说一口流利的韩语。

刚开始觉得韩语挺简单的，还试过用汉字来标发音，在经纪人的教导下，仅用了一到两个星期就可以和当地人进行简单的问候交流。但学着学着，发现韩语其实并不好学，规矩也多。韩语有敬语、伴语，还有比较亲近的朋友之间聊天的用语，但我刚开始只会说那些伴语，不管跟谁，比如老板和公司职员，都用伴语说。事实上，韩国长幼尊卑的观念很强，如果对着长辈不用敬语，容易招来误会。结果我说的韩语一度引起公司人员的反感，觉得这个中国小子毫无礼貌，意识到这样的错误，我就更加努力地学习了。

对韩国的文化和礼教，我刚开始并不能适应。韩国森严的长辈制度（长辈可以公开教训晚辈，前辈可以教训后辈），韩国人对外国人的隔膜和误解，致使我当练习生的时候朋友很少。

累了、痛了的候只能自己扛，在属于自己的时间里，特别想给妈妈打个电话，但是电话响起来的时候，听到妈妈那熟悉的声音时，就把所有想好的苦水都收了回去，换成轻松的语气和妈妈聊天，免得让她担心。

2005 年的春节，放假日子太短，又没有多少钱，我只能留在了宿舍里，也会看国内的电视台，看到春节联欢晚会那种热闹的气氛，自己就更加想家了。妈妈会主动给我打电话，她用有些落寞的语气和我说：“我们正在包饺子呢，要是你也能回来吃妈妈包的饺子多好啊。”听到这里心里的酸楚终于一涌而上，只能强装坚强哽咽着说：“妈，我答应你，明年春节一定争取回家过年……”

没有朋友，没有家人，没有人分担自己的苦楚，我只能更刻苦地练习，有时候为了练习好一个舞步可以一个人在排练厅里练上好几个小时。

曾记得，无数个夜晚，那雨雪纷飞的日子，心很苦很累，当困境

压得喘不过气来时，就独自一人偷偷跑到阳台上，看来来往往的车流，再对着天空呐喊，自己为自己加油打气。

如今，再回忆过往的经历，仰望苍穹才知道，其实，这一生中最困难的时候已过去了。曾经那歇斯底里的呐喊与彷徨，已变成了此刻舞台上最潇洒的舞蹈。曾经那些无情的岁月，无情的磨砺，无情的苦难，铸造成了现在坚强的自己。

—— 我想我是黑夜的孩子 ——

一路跌跌撞撞，满怀希望。一路走到了现在，我也已经习惯了在这茫然的生活中寻觅，寻觅属于自己的生活和方向。

有段时间一直在听的一首歌叫《涩》，歌名只有一个字，很简单，就连整首歌都只有一种简单的乐器——吉他伴奏，但我就是被这首简单的歌曲触动了心弦，也许是被歌者略带沧桑的嗓音，也许是中间的歌词让我回忆起一些过往的苦涩，我甚至产生一种错觉，这首歌，就是写的我吧。

我想我应该是一朵死去的花
不然怎么就盛开不了呢
我想我应该是黑夜的孩子
不然怎么就那么害怕阳光
我渴望是一只孤独飞翔的蜻蜓
在美丽的花丛中自由的穿行
我多么希望自己是一只萤火虫
在每一个夜晚都会有光明
是不是所有的麻雀都会在冬天里死去
是不是所有的人们都在金钱里丧失着良知
是不是只有穷苦的孩子才能唱出最美的歌

是不是只有漂泊的人们才懂得生活的苦涩
——《涩》

听完这样一首歌，无数回忆如泉水般涌上心头。而其中一段回忆，在我脑海中一直消散不去。

想起曾经在 SM 公司做练习生时，他们给我们办理的是旅游护照，每三个月，都要回国去续签一次。而那段时间，也是我最彷徨最迷茫的时候。SM 的练习生很多，竞争很激烈，每天都有新的练习生加入，旧的练习生离开，淘汰和放弃的桥段每天都在不断上演……

我们每天都要接受将近 20 小时训练，包括舞蹈、声乐、钢琴、表演等课程。不过比起这种军训式的培训生生活，前途未卜的漂泊感，似乎更加漫长难捱。

一天，我终于在高强度的训练中倒下了，因为夏天太热，长时间的劳累竟然让我中暑，在排练室昏倒了。去医院看了没什么严重的问题，我被特批在宿舍里休息。

半梦半醒中，感觉同宿舍的学员正在收拾东西，尽管我很虚弱，我还是努力控制自己醒了过来。我朝他的床位看过去，他已经把自己的东西收进行李箱了，我几乎是从床上跳起来，问他怎么回事，他有些苦涩地笑笑说：“太累了，身体都不好了，坚持不下去，准备回国了，你要加油！”

我能感觉到他内心的失落，也能读懂他那苦涩笑容背后的心伤，只是，我也无力说什么，只能和他做最后的道别。

尽管还在生病，尽管被他无数次拒绝，我依然坚持把他送到了仁川机场。在去机场的路上他也不怎么说话，只是一直在那里叹息。他的叹息，让车内的气氛有些凝重。我知道他心里肯定有万般遗

憾和不甘心，想开口安慰他，却怕越说越让他伤心，只好保持着沉默。汽车行驶了 40 多分钟，我帮他取出行李，后来，他把自己的一把吉他送给了我，这么贵重的东西，我不愿收下。

他说的一句话，让我不再拒绝了。对于那一句话，我现在仍记忆犹新。他的原话是："本来带这把吉他来是为了让自己孤单时有个伴儿，有个寄托，现在我要回国了，那边有家人，不孤单，倒是可以留给你，孤单的时候就练练吉他。"

在他的坚持下，我收下了这个贵重的礼物。我们在仁川机场简单地拥抱，他头也不回就进了安检口。

又是一次别离，我一直站在安检口外看着他离开的背影，直到消失在人群里。

后来，我联系不到他了，我们再也没有见过面。

他走了之后，宿舍暂时还没有新的学员住进来，原本还有一个可以说话的同伴，而现在空荡荡的屋子，只剩下自己一个人。无数个夜晚，在高强度的训练之后，疲惫的身体躺在床上，脑子里还在一遍遍回想今天的舞步。很长一段时间，我都会半夜惊醒，只因为一个舞步没有练习好，梦里总是有一种强烈的压迫感，或者梦到自己被退回去，整个梦是无尽的荒芜和迷茫。

为了让自己心安，也为了让自己不再做噩梦，每次惊醒时，我便起床温习前一天学习的内容。给自己的压力越大，自己的进步也就越快吧，所以每次测评考试，我的成绩总是名列前茅；很快，我就从 C 班直接升级到 A 班。

在那种人人自危的环境下，排名前列并不是一件好事。排名靠前，很可能会成为众矢之的，排名落后，就很可能被淘汰。

那段时间，排练完就回到宿舍练习室友送给我的吉他，我学会了不少歌曲，有吉他的陪伴，也不觉得特别寂寞，更不会害怕了。

在韩国时，每天的生活就是两点一线，公司排练厅和宿舍，以至于我在韩国待了几年的时间，却对韩国一点儿都不了解。

有一次，趁休息的时间，就想出去看看。独自跑去东大门，看见琳琅满目的东西，就好兴奋，本来也准备扫货的，结果公司的电话打来，他们问我在哪儿，我像做了错事的孩子一样用颤颤巍巍的声音回答："好的，马上回来！"

每天都面临着被淘汰的危机，不知道最后能不能赢得真正站上舞台的机会，但身体的疲劳和心里的空洞已经容不下我想那么多。心里只有一个执着的念头，把现在要做的事情做得精致，好好练习，不要被淘汰。

—— 看到生命的曙光 ——

我相信生命不会一直是黑暗的，命运总会给你安排一些出口，我们叫它为曙光。

几次续签之后，当初一起到达韩国的几个同伴里只剩下我一人了……

当然，也有同伴出道。曾经一个宿舍的金在中和郑允浩，在2004年顺利出道，成为“东方神起”的成员，并很快在娱乐圈掀起一阵狂潮，每个人都疯狂地追捧着这个新兴组合。

在他们成名后，金在中和郑允浩回宿舍看望过我们一次，并给我们带了一些礼物。他们的到来，让整个宿舍沸腾起来，学员们像众星捧月般簇拥着在中和允浩，还有不少学员争抢着和他们合照。

当然了，他们很配合学弟们的崇拜，并向我们讲述自己成名的心酸历程，说到动容之处，在大众前一向以冷酷示人的在中竟然流下了眼泪。看得出来，他也在用力遏制，但还是没能堵住情绪崩溃的洪流。每一个从练习生走过的人应该都有一段心酸到歇斯底里的经历吧。

看着自己曾经的同伴站在光芒四射的舞台上，那么帅，那么酷，享受着万众瞩目的追捧，每天都有收不完的礼物，心里是有些羡慕他们的，也为他们感到骄傲。

看着周边的同伴不断登上梦想的舞台，内心也曾无数次彷徨，但我唯一能做的就是更加努力地练习，努力地做好自己，并不断给自己心理暗示，一定不能放弃。

也看过无数个在宣布出道前被临时换下来的队员，眼睁睁看着他们的情绪在几天内陡转直下，由最初的踌躇满志变为无奈和失望。

在这种命运被别人掌控的状态下，我渐渐地也学会了平静，学会了坦然面对一切，就像那句话说的，不抱希望就是最大的希望。

—— 在夹缝里安身立命，所向披靡 ——

迷茫时仍要守护心中的信念，因为有阴影的地方必定有光。

每个人都说，一个人的黄金时代就是二十几岁的时候。是的，二十几岁，离开家，离开父母，一个人究竟要看过多少风景，才能从懵懂蜕变为成熟？究竟要做出多少努力，才能变成自己想成为的人？

在暗淡无光的日子里，我所能做的，就是拼命提升自己，只有努力地提升自己，才会让自己更有底气，也更自信从容。

其实，我的名字曾经出现在“东方神起”的名单里，但是由于很多原因，我被替换了，对于这件事情，我也没有想太多，那个时候就单纯地觉得，自己努力的话，应该还是有机会的。

记得有一天排练时，我被舞蹈老师叫了出去，他和我说明了情况，公司的领导要找我聊聊，让我跟着工作人员去。

随后，我被一名工作人员带往一个办公室。在去的路上，我的心怦怦直跳，心想，该不会是我最近表现不好，这次找我谈话是要“劝退”我了么？想到这里，脚步放慢了几步，以至于那名向导停下来等了我一段时间。

向导把我带到了一个经纪人的办公室，我认识他，曾经也是一名很优秀的歌手，现在是 SM 娱乐公司金牌制作人，他成功打造了很多出名艺人，我们都尊称他为前辈。

前辈用很慈祥的眼神端详了我一段时间，然后用温和的语气和我说话，问我很多问题，我回答他的问题很谨慎，以至于我表现得有点儿胆怯。

问了我好几个问题之后，他才说明自己的用意。

他向我表述自己将组建一个新的组合，并给我一个机会，让我成为这个组合的一名成员。

在听到这个“好消息”的时候，我承认我的心跳加速了几秒，仿佛是一个在沙漠中行走、并迷失方向的人看到了绿洲！

也许是看出了我的喜悦，也许是想给我一点鼓励，前辈说明选择我的原因：“一天晚上凌晨 12 点多，我回公司拿忘记的文件，路过排练厅的时候，看到还有个年轻人在练习舞步，出于好奇，就去看看了，是你的努力打动了我。后来我查了你的资料，在同组成员中，你的成绩一直名列前茅，你很努力，努力的人总会比别人幸运，我准备给你这个机会，你一定要好好表现！”

在听前辈讲述的时候，我的眼泪竟然掉落下来，不知道是因为自己的努力终于被肯定还是因为激动的喜悦，总之，我无法控制不断溢出的泪水。

有时候感觉成功来得太快，竟然让我有些猝不及防，也许就像前辈说的那样，机会总是给有准备的人吧。

2005 年 11 月 6 日，我和其他 11 名韩国本土男孩组成的面向亚洲市场的大型组合“Super Junior”正式出道！

第一次站在舞台上的那一刻，激动和欣喜难以言表。对着闪烁的镜头和明亮的聚光灯，我克服了内心的恐惧，尽情享受观众投来的尖叫和掌声。

这种声音有一种独特的魔力，我觉得，这是世界上最优美的旋律。

此后，我们进行了几次大型演出，反响都很强烈，“Super Junior”迅速风靡亚洲，掀起了一股劲舞狂潮。很显然“Super Junior”即将成为最受欢迎的新生代组合，甚至有报道将我们誉为亚洲第一天团，随后我们的组合接连不断拿下韩国乃至亚洲唱片界多个重量级大奖。

可是在出道的兴奋还没有褪去的时候，残酷的现实重重地给我泼了一盆冷水，我迅速遭遇到了我始料未及的巨大障碍……

— 戴着面具表演 —

韩国电视台规定，作为外籍艺人，只能签约三个电视台，其他未签约的电视台，不能露脸。 对于一个才刚出道的组合，曝光率意味着高受众送达率，在娱乐圈这个如雨后春笋般新人辈出的大环境中， 舞台，才是留住人气的绝对王道！

而我们的一次公开演出，就被有关部门查处，还罚了公司很多钱。

由于我是在韩国出道的第一个外国人，公司暂时不知道怎么解决这个问题，更找不到应对的方法。

这个时候，公司、经纪人和队友都慌了，我在组合里被安排的是一个重要的位置，如果换人的话，没有人能迅速顶替我的位置，所有录音、队形、音乐就得重新安排，在短暂的时间内，是不可能做到的。

那个时候心想：“完了，才刚刚开始，就被封杀了，不能演出，怎么办！”经纪人在前边开车，我就在后面一直哭，当时哭得很伤心，

看着车窗外韩国的夜景，就想难道就这样结束了么。经纪人也没有打扰我，还试图安慰我，可是越安慰我，我就哭得越厉害。

回到公司，其余队员都为明天的演出进行着紧张的彩排，只有我独自回到了宿舍，寂静的宿舍没有任何声音，我没有开灯，夜黑得可怕，寂静得连我的呼吸声都能听到回音，我感觉自己像是被全世界抛弃的孩子，没有人知道我的伤痛，没有人能抚平我的伤口。当我在崩溃的边缘时，我心里的另一个声音不断提醒我："你不能因为这点小事就放弃，你应该振作起来，世界还等着你去征服呢！"

在这种正能量的呼声中，我重新振作了起来，并让大脑快速旋转，很快，我想到了解决方法。

在大家都忙得焦头烂额的时候，我主动提出一个解决方法："不是不能露脸吗，只要看不到我就没有什么大问题，我可以戴着面具演出。"

在听到我说的这个建议后，我的经纪人很认真地问我想好了么，他慎重地说："这样会很委屈的，你真的没关系么？"

我很果断地回答："不能因为我一个人拖累了大家，我们排练了那么久，每一首歌曲，每一只舞蹈，都是我们的心血，我怎么能眼睁睁地看着我们的心血就这样付诸东流？没关系的，就这样吧，明天的演出我可以戴着面具参加。”

听完我的话，我的经纪人过来拥抱了我，并鼓励道：“韩庚好样的！”后来，我的队员们都一起过来，我们拥抱在了一起，并大声说：“Fighting！”

2005年11月19日，韩国KM电视台的现场，Super Junior的舞台上，领舞位置，我戴着一个黑色和银色交加的面具上场了。

那个面具是工作人员临时拿来的，我戴的时候，面具上还有一股难闻的味道，也许是上一次表演谁戴过还没来得及消毒清洗，那会儿我也没想那么多，就带着它上场了，表演完成后，被难闻的味道熏得我有一种窒息的感觉。

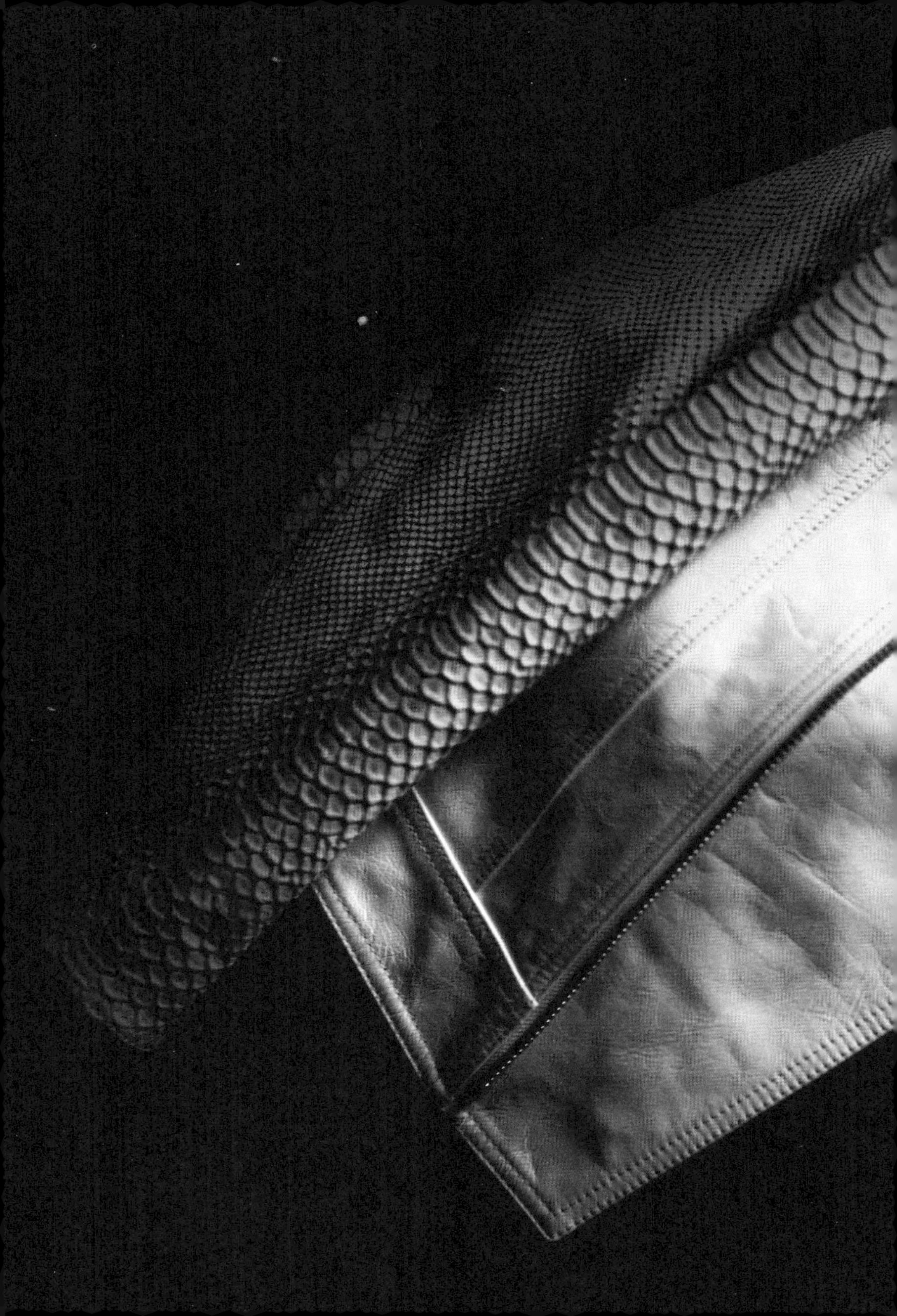

在与梦前行的路上，越是被人阻挡，我就更加努力，以至于我的每一场表演，都极尽全力展现最好的自己。

此后，Super Junior 每一次表演前，大家都会一起呐喊，加油！为了给我鼓励和打气，队友们还会单独为我加油。

那段时间心里其实是委屈的，但是有队友的支持和鼓励，也觉得是值得的。只要是队友需要我，舞台需要我，即使自己再委屈，也会坚持在舞台上表演。

后来，我戴着这个面具，在 Super Junior 不同的舞台上，坚持着我的表演。

随着 Super Junior 越来越火，我也有了一大批支持我的歌迷，我们每到一个地方，都会有这群歌迷的影子。他们有的很热情，有的很安静。还有一批非常体贴的粉丝，为了让我体会家乡的味道，特意托中国留学生从中国带来很多吃的送给我。他们这种温暖的关怀，时时刻刻都给我坚持的力量。

很多人都为我这样的做法觉得不值，甚至我逐渐增多的歌迷们向SM公司提出了抗议，在强大的重压下，公司才决定使用替位。

队友以及粉丝的鼓励和支持让我力量倍增，即使在很难熬很彷徨的那段时光，看到和听到他们给我的鼓励，心中的无限斗志又被重新燃烧起来。

其实，二十多岁，并非只是人生的一段时光，还是一种精神状态，一种强力意志，不论面临多少困境，我们都能用自己的坚强和努力去克服。

Night 3

遇见 · 孤独不在

有一把伞撑了许久，雨停了也不肯收。有一种朋友做到永久，即使青丝变成白发，也能在心底深深保留。

—— 黑与白的碰撞 ——

热闹背后的空虚，让人觉得冷清，还好有你在。
朋友是当你开心时，陪你一起分享的人；是当你伤心时，送给你安慰的人。

一个真正的好朋友，能在你人生低谷时，依然不离不弃陪在你身边，给你很多鼓励；当你站在人生的巅峰时，不献媚你，提醒你要保持平常心；当你需要帮助时，会立刻出现在你身边，不顾风雨，不求回报，不计得失，不用说客气话；甚至在你情绪失控的时候，可以破口大骂也不会和你计较。

很荣幸，我的生命中出现了一个甘愿为我撑伞的人，我的经纪人，孙乐。和乐乐认识是在中央民族大学学舞蹈的时候，他是 92 级的师哥，那年我才 12 岁，乐乐 16 岁，当时乐乐和宿舍的人在楼道玩，我对他们的游戏很感兴趣，但是我比较害羞，没敢和他们说话，就站在楼梯的角落里看着他们。过了一会儿，乐乐主动过来和我打招呼，并邀请我加入他们的游戏。后来我们相互自我介绍，认识对方后，我们经常一起玩，就这样逐渐熟了起来。

一次十一国庆长假，宿舍里的伙伴们都回家了，只有我和乐乐留在宿舍，原本是准备宅在宿舍玩游戏的，但是有七天呐，想想都觉得可怕。乐乐就提议说："放那么多天假，很无聊，我们出去玩吧。"有人陪着一起玩，我当然很开心，就很果断地答应了。

那七天里，我们去了很多地方，紫竹院、石景山、北海公园、长城……这也是自己来北京后第一次真正看清北京的模样，虽然走了很多路感觉腿都不是自己的了，但还是觉得新奇又有意思。

一起玩的过程中，我们有聊不完的话，渐渐发现我们有很多共同爱好，在乐乐面前，我是没有任何包袱的，还聊到自己的家庭，就这样，我们逐渐交了心。

上学时，我是弱弱小小的类型，看起来像个豆芽，弱不禁风的样子。一般我这种类型，是大家欺负的对象，还好有乐乐和他们班的师哥一直罩着我，也没人敢欺负我。

毕业后自己在北京混了一段时间，混得也非常糟，直到身上没有钱了就去深圳投奔乐乐，还好有乐乐的收留，帮我渡过自己最困难的时期。就为了这件事情，我内心其实一直都挺感激他的。

后来我去了韩国成为练习生，乐乐也当上了经纪人。压力最大的时候，最苦的那段时间，给家里打电话都是报喜不报忧，累了苦了，想放弃了，就给乐乐打个电话，乐乐会像我的大哥一样给我些建议和提醒，并不断鼓励我，还会开一些玩笑让我开心。虽然他讲冷笑话的能力很弱，却也能让我暂时放下心中的委屈和不快乐，心情也好了很多。

也是在他这样的鼓励下，我更努力地训练了，虽然很苦，但我还

是坚持了下来，后来终于出道，成为 Super Junior 中的一员。出道后仍然遇到很多挫折，乐乐都一如既往地鼓励我，给了我很多力量。

一场拯救

SM 公司组成了 Super Junior-M 回国发展后，本以为以前那种压抑的状态就会过去了，但随着参加的活动越来越多，接受的不公平待遇越多，我的心就更加委屈了。

那时候没有人会注意到我心态的变化，也不会关注我的委屈，演艺公司只是把艺人当作商品，而忽视我们作为人最起码的感受。

一天，公司终于放我一天假，我约乐乐一起吃饭，那段时间心情是有些压抑的，就喝了很多酒，我喝得有点多，就说出自己实在受不了，想离队的想法。

乐乐又一次喋喋不休地开导我："你要想清楚，韩国造星的专业程度是国内没法比的，而你是第一个在韩国出道并成名的中国艺人，这个头衔就是个金字招牌。如果解约了你会面临各种各样的问题，还会面临官司、未来发展等问题，你可能就从此一蹶不振，不红了……"

他的语速之快，他激动的情绪，我现在都无法用形容词来形容。

听完这些，虽然被他打动，但是我当时竟然在他面前说出了一句现在都能让我震惊的话，"那如果我和其他那些韩国艺人一样，自杀了呢？"

乐乐听完，沉默了很久都没有说话，我能看出他是有一些震惊的。

每次从中国回到韩国前，我都会打电话给乐乐告诉他我又要回去了，真不想去韩国。有一段时间太压抑了，我就拨通他的电话，也不说话，叫一声哥之后，就没声音了，也不挂。那会儿他还总嘲笑我，说我有毛病。其实我只是不知道说什么，又不知道该给谁打电话，才有了这些别人会觉得莫名其妙的举动。

当我再次和乐乐提出想解约的事情，乐乐终于决定不再劝我，而是积极主动地帮我离开 SM 公司。我们原本准备找给东方神起打官司的那家律师事务所，但因为官司还没结，所以被他们介绍到了现在这家。毕竟还有很多资料要准备，所以乐乐帮我准备了半年，原本我们计划再晚一点儿提出解约的，打算等到年初再说。

12 月时，我终于忍不住爆发了，仓促发表了解约声明。

此后，乐乐还有妈妈陪我去了丽江，在丽江待了一个多月，关掉所有电子设备，没有一个人可以联系到我。每天都留在房间里，睡到自然醒，自己做饭，玩游戏，听歌看碟。乐乐就一直陪着我，陪我打游戏，带我去乡间蹭饭，那段时间觉得自己轻松极了，在好友的陪伴下也更加有安全感。

回到北京后，我就和乐乐开始筹备一些接下来的事情，准备自己的个人专辑、个人演唱会等。

那会儿大家都很躁，和乐乐常常出现意见上的分歧，关系也特别僵，不服就开吵，和他吵得最严重的一次就是半夜两三点，我们在电话里吵得红眼了，我就开车去找他，后来我俩继续在车里吵，吵得累了大家都不说话。最后乐乐说："完了没有，完了我要回家睡觉去了。"他傲娇地离开，还摔了我的车门……当时我们都挺生气的。

当然了，最好的友情是不会因为一次吵架就分道扬镳的，吵完的第二天，我们继续讨论工作，就像一切都没发生一样。只是那次吵后，我们逐渐找到更好的相处方式，也不再吵架了。后来他成为我的经纪人，在我的团队里面担当核心人物。

现在和朋友们一起去 KTV 唱歌的时候还会特意点《朋友》那首歌，“朋友一生一起走……一声朋友你会懂……”好的友谊是生命中的一剂良药，在你脆弱时给你坚强的力量，在你想放弃时给你坚持的动力，在你面临困境的时候拉你一把。

虽然我和孙乐的性格很不同，借用一句歌词：是我们一个像夏天，一个像冬天，却总能把冬天变成了春天。他是我一生不可缺少的朋友。

现在可能很多人对孙乐有一些误解，其实他是一个很好的人，对于他的工作，我也非常满意。希望下一个十年，我们依然能这样走下去。

—— 生活此时繁花似锦 ——

每个人心中都应该有两盏灯光，一盏是希望的灯光，一盏是勇气的灯光。有了这两盏灯光，我们就不怕海上的黑暗和波涛的险恶了。

好朋友就是给你希望勇气的灯，一个人独处太久了，难免会感觉到寂寞和孤独。和团队在一起时，大家可以一起尽兴地去做自己喜欢的事情。和别人交流时，痛快地说出自己的想法，或陈词激昂，或咄咄逼人，都是充满无限乐趣的。忍不住感叹一句，和一群追梦的人在一起，真好！

很多人不相信缘分的存在，我是相信的。比如我现在的团队，就是因为缘分让我们聚集在了一起。

解约风波后，度过一段迷茫期，我准备重新出发，做属于自己的音乐专辑和演唱会。在这个过程中，我认识了杜华，和她聊了很

多关于音乐的想法，有一种找到知音的感觉，我们很快就敲定了下一步合作。

后来晓萍加入了我们，她对音乐和影视的东西特别感兴趣，之前也是做宣传工作的，团队有了她以后，气氛就更活跃了一些。

陆续又加入了一些年轻人，现在团队一共有 10 个人，我们有个共同的名字“庚心工作室”。

— 有一种默契叫庚心工作室 —

到目前为止，这个团队和我在一起已经很多年了，我们有着共同的目标、一致的想法，长时间来培养了足够的感情和良好的默契度。有时候只要一个眼神、一个动作，大家就能知会彼此心里的想法，这是一种难能可贵的团队契合度。

现在有一种声音说我应该换团队，其实，我想要的团队并不是每天要为我安排多少演出，为我出多少专辑，让我加盟多少电影，然后把我捧得有多红多火。事实上，那都不是我想要的，随着年龄的增长，我想要做的，更多的是有诚意的作品，有深度、有思想的东西。

很多人说，一个艺人要红就需要用绯闻来炒作自己，我讨厌这样的做法，更不会让我的团队这么去做。还好，目前我的团队从来没有使用这种方法来帮我提高知名度。

因为我们团队都是一群年轻人，大家在一起的时候，都比较轻松。我们经常相互开玩笑，还给每个成员起了各种外号。大家在一起工作时，总是笑点不断，到哪里都能听到我们“豪迈”的笑声。就是这种开心的气氛，让我工作的时候更有动力；也是这些“活宝”们，逐渐激活了我原本不发达的幽默细胞。

可以说，和自己团队在一起是我最自由的时候，可以想自己愿意想的东西，做自己喜爱做的事情，可以自己做自己的主人。

和他们在一起时，也是我最有安全感的时候，不必担心被欺骗，更不必担心被利用，可以放心地生活，随意地做事。也不用担心他们会离开，他们俨然成为我除了亲人以外最信赖最亲近的人了。

和团队相处的每段时光，都让我不断提高自己的修养。慢慢学会尊重别人，学会照顾别人的感受，学会在说每一句可能会伤人的话时先想三秒钟，学会站在对方的角度思考问题，更学会了感恩。

感谢他们，让我成为一个更好的人。

如今，和我的团队相处已经很多年了，大家已经有了非常深厚的感情，我更舍不得换团队里的成员。如果有一天换了，我肯定不能适应。

—— 给团队的福利 ——

我是一个非常喜欢旅行的人，很喜欢跟自己团队的成员一起出去玩。大家年龄差不多，喜欢玩的项目一致，一起去玩，就会很尽兴很痛快。

每年都会空出一段时间带团队成员们一起出去旅行。今年有一个计划就是带他们一起去传说中如诗如画的大溪地玩，准备和他们一起去潜水、深海钓鱼、海滩晒太阳……

ATELIER d'ARTISTE
Floriane Maels
GALERIE
Floriane Maels

WEMPE
BALLY

Night 4

心动·那些年

我忘记了时间，却依然记得你；我忘记了美好，却记得你的样子。现在想起，往事已如烟。

—— 谁是我的最佳听众 ——

我可以，陪你去看星星。我可以，陪你到世界的尽头。我愿意，做你的最佳听众。

上学时，对一个女孩产生怦然心动的感觉可能仅仅因为她学习成绩好，或者会因为她的舞蹈跳得非常好；也会因为大大的眼睛，乌黑的头发，而对一个女孩产生好感；或者甚至只是某一个吸引人的特点，就会撩动幼时悸动的心。一切都那么简单，那么单纯，就好像电影《那些年，我们一起追的女孩》一样唯美而纯真。

后来渐渐地长大，会对一个长得好看、身材比例协调、腿长、谈吐又得体的女孩产生好感。还会特意在喜欢的女孩面前表现自己的优势，吸引她的注意力。

现在再想想以前做的那些“傻事”，真的可笑极了，毕竟以前是孩子，还年轻，心智还不成熟，想事情特别简单。

—— 爱情的真谛 ——

随着年龄的增长，生活阅历的不断增加，心智逐渐走向成熟，现在终于开始逐渐悟到爱情的真谛。爱情，是一种奇妙的感觉，它产生于两个相互欣赏又相互吸引的心灵中；同时，它又是一种短暂的感觉。毕竟只是一种感觉，要让两个人的爱情持久下去，就需要两个人有足够的契合度和信任度。

爱情不应该是玩玩儿，婚姻更不应该是儿戏。结婚，并不是要找一个长得多漂亮的公主，你每天都要捧着她，不捧就怕碎。童话故事里描写的美丽爱情固然是唯美的，但它不是现实，也不可能变成现实。

在很多公开场合，会有人问我的爱情观。其实我觉得爱情更像是一种责任，你找到那个你想和她在一起的人，你们两个人为着共同的目标，两个人相互鼓励，一起努力向前，这样时间久了也不会因为两个人不在一个层次上而产生一些感情上的隔阂。

到现在这个年龄，我也经历了几段感情，可以说每一段感情都是自己的一个成长经历吧。渐渐明白了，在感情的世界里，是没有输赢的，赢的是感情，输的也是感情。不是所有的爱情都需要开始，需要结果的。爱情从来都没有试用期，爱就爱了，不是赌注，每一场爱情，都需要我们全力以赴，全心投入。

现在对待爱情这个事情，已经逐渐看得很淡。我的爱情哲理是：爱情一定要宁缺毋滥，不随意交往，更不勉强接受，而是要找到对的人，找到有缘人，才会终成眷属。能遇到就是遇到了，遇不到的话就继续等吧。还是那句话，我比较相信缘分，缘分到了爱情自然就来了。

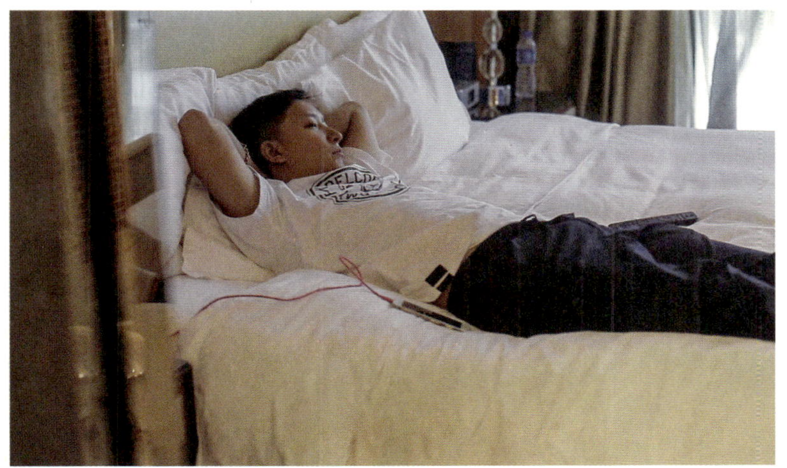

以前就想过三十岁以前一到要结婚，可是过了三十岁那个坎后，就不再强求了。有时候我妈也会催，最严重的就是前几年，催得多了现在也就不催了，她当下的心态基本就和我的一致了。

单身久了也会觉得孤独，觉得家里缺了一个人，自己做好了饭也不知道和谁一起吃，也会觉得房子空荡荡的，让人没有安全感。

尽管很孤独，但是我仍然觉得感情的事情还是要随缘。在我的爱情字典里，就是要找一个一辈子在一起的人，所以就会比较看重两个人的契合度。

我一直都笃信一句话："香烟爱上火柴，就注定被伤害"，两个人要能走在一起，就必须要合适。这个合适指的不是两个人的身份地位要同等，而是两个人的性格、生活观、价值观、消费观以及兴趣爱好是要匹配的。

比如说，好不容易有一个假期，我想去欧洲滑雪，而她偏要去日本购物，我们两个人都不愿意为对方妥协，那么，以后的生活会很累。再打一个比方，我喜欢摄影，花费很大心思拍了一张自己特别满意的照片，本来想和她一起分享的，却被她当面泼了一盆冷水，那这样的话，我们基本是没有共同语言的。没有共同语言的两个人在一起，对双方来说，应该是一种精神上的煎熬。如果两个不合适的人在一起为了一些小事吵架甚至动起手来，那就上升成为一种肉体上的煎熬了。

— 理想另一半 —

当然了，我也希望自己的爱情是美满的。因为艺人的特殊身份，我希望未来的她懂得和别人相处的方式，懂得经营爱情，懂得为未来铺路，最好是我在前面拼的时候，她能在后面帮我打理一些事情。随着我的事业涉及方面越来越广，产业不断增多，更希望她是能够独当一面的女孩，最重要的一点就是一定要善良！

对于我的另一半，希望她只是一个普通人，不要像我一样是一个艺人。艺人总是很忙，每天飞来飞去，两个人如果在一起，根本没有时间相处。如果她是一个演员，我在外面拍戏，她也在外面拍戏，那么我们的家就不能称为一个完整的家了。如果她是一个演员，她也许会花更多时间和精力来做好演员，尽管我的另一半可能捧了很多“最佳女主角”回家，但是付出的代价却是忽视了家庭，忽视了孩子，忽视了两个人的相处，这并不是我觉得最好的家庭生活。

我希望我的另一半，不是一个特别好强的人。其实女人太好强不是好事，好强的女人总是把更多时间花在工作上，而没有太多时间照顾家庭。

伯牙和子期是千古知音，伯牙鸣琴，子期最懂，双方不需要太多言语。我想爱情也是如此，如果把我比作伯牙的话，我也一直在寻找着属于自己生命中的子期。

其实我是一个非常注重家庭生活的人，如果以后找到了我的子期，希望能有更多的时间陪陪家人，和自己的家庭走遍世界的角落，休假的时候和家庭成员一起出门骑自行车，去郊区钓鱼……做遍世界上最平实又最浪漫的事情。

希望生命中那个对的人，不要让我等太久。

—— 谢谢你，从我的世界匆匆走过 ——

于千万人之中遇见你所遇见的人，没有早一步，也没有晚一步，刚好就赶上了。

身边的朋友又失恋了，她的恋情，从开始到结束，我们都是这段感情的见证者。失恋后，她很颓废，也做了一些疯狂的事，不去上班，每天在家里醉酒，请我们去KTV，点的歌也都是一些苦情歌。可以说，失恋后的她，仿佛灵魂都被抽走了。

她喝醉了，就一直嚷着要打电话给前任，朋友们都劝她别打了，打了也不会接。现在想想，她真傻。

看到了她，不免想起了自己失恋时的状态。每一段感情结束后，我都会消沉一段时间，至少要经历半年时间的疗伤之后，才能够接纳一段新的感情。有时候一段新的恋情开始了，还沉浸在上一段失败的感情中不能自拔，当然，这对与你正在谈恋爱的那人是很不公平的。

毕竟，我们人类是有感情的动物，人心都是肉长的，每一次失恋，都有一种家里的东西被人抢走的空虚感，一时间无法适应那种角色转换。

一段感情结束了，我可能还会在原地等，在一段时间里还坚信我们会在一起。还是会每天忍不住想念，想念以前我们说过要一直在一起，想念那些一起去过的地方，一起做过的浪漫的事，想着那些对我来说还历历在目却已都是过去时的场景。

分手后，不敢再去碰触过去的一切，害怕会睹物伤神。有时候会想，如果有某一种药物能让自己失去某段记忆，把过去的回忆都抹掉，那该多好，这样就不用费尽心思地去忘却了。

直到，看到她身边出现的新面孔，我的心会痛一下。我才会确定，是时候放下了，是时候也开始我的新生活了。

虽然内心不断暗示自己应该忘记以前的种种，可还是敌不过潜意识的强大。睡觉时会不断梦见她，梦到她再回到我身边，用温柔的眼神看着我，她不说话，我也能从她的眼神里看出来，她的眼里和心里只有我。

不知道在梦里我是不是笑了，但我知道我醒来时，发现这只是一个梦。我失望过，走到镜子前，看到的只是憔悴的自己和涣散的眼神。

同事们都说失恋的我会有些小暴躁，还会有些莫名其妙，但每个人都知道我的暴躁点，会把它列为禁区，不再去刻意触碰。

妈妈也会看出我的暴躁，但她毕竟是一个看得很明白的人。她不会刻意去开导我，只是和我说了一句话："是你的怎么赶都不会走，不是你的怎么留也留不住。"

仔细想想，虽然只是一句简单的话，但是确实是高明的爱情哲理。事实证明，每一个会离开的人，都只是你生命中的一个过客，而你，也只是她生命中的过客。

一个过客走开了，在你的心中留下伤口，而对一段逝去的感情死抓着不放，就是在伤口上不断撒盐。你要做的，就是好好照顾自己，尽快抚平你的伤口，用微笑迎接下一个出现在你生命中的人。

一段恋情走远了，最好的应对方式就是放下，放下过去，放下回忆，放下她，你自己也会觉得人生是多么精彩。

就像很多人说的：放下，不仅是一种智慧，也是一种境界。

太年轻的时候，一颗心总是太执着，执着于一段不属于自己的情感。过分执著过去的一切，全然不懂得适度放下一些东西，这不是固执，而是一种偏执了。

爱情走远的时候，我们还紧紧攥在手里的，不是快乐，而是悲伤。很多人过分沉浸在回忆中，只记着爱情美好的样子，依然舍不得放下，其实这是一种欺骗自己的行为。

一段情感，从最初的惊心动魄走到最后的陌生，不是一种量变，而是一种质变。爱过、伤过、流泪过、痛苦过，才渐渐淡忘了，最后终于放下了。

放下了，让心归零，去遇见新的事物，去接纳新的情感，去开创新的生活。最后你会发现，幸福其实是自己积极去寻找的。

人的一生真正有效的时间其实并不多，没有更多的时间和光阴让我们挥霍。让我们活在对于过去的回忆中，一直纠结于过去，放不下那些曾经，只会让我们变得更颓废、更悲伤。

开心也是一天，不开心也是一天，为什么不开开心心过每一天呢？

没有什么是放不下的，不要让自己的心灵和逝去的东西过不去。放下过去，才有更多的机会去迎接未来，才有更好的心态去追求幸福。

我谈过几次恋爱，也失恋过几次，但是，我仍然觉得，每一段恋爱，都是我的一次成长。谢谢你们，那些错的人，在我的世界里匆匆走过。

—— 这个世界很小，我们就这么遇见 ——

初恋是爱情里最珍贵的时光。因为失去了，所以才会更加怀念。我们每个人会缅怀美好的初恋时光，回味着那份纯纯的爱、深深的喜欢。

都说每一个人的生命里总会有那么一个人，在你心里印上深深的烙印。虽然过了很久，但是你的记忆里始终有她最真实的存在。

对于我来说，初恋是两个人真正在一起了，有关于未来的一些想法，才叫作真正的初恋。而我的第一次恋爱，一谈就是四年。

第一次见她是在一个朋友聚会上，那天我们一起在一个朋友家吃饭，大家都开心地聊天，尽情地 high，唯独她和别人不一样。看到她第一眼时，她正在厨房里笑容满溢地做饭。

第一次见她，只看到侧脸，就觉得这个女孩很不一样，正当我看得入神时，她可能觉察到了我异样的眼光，就转过脸来；而当我们的眼神正好撞上时，我承认我的心跳加快了。

她的笑容很甜，带着一股温暖的气息。她的声音很柔，像百灵鸟一样细腻而婉转，她柔柔地说：“不好意思啊，让你们久等了，一会儿就弄好了。”

就在那一秒钟，我就断定了，这就是我喜欢的女孩儿的样子。

在那场 party 上，为了吸引她的注意力，我没有拒绝朋友们的邀请，现场表演了一支帅气的舞蹈，也迎来了一片热烈的掌声。表演完后，我特别注意了她的表情，能看出对于我刚刚的舞蹈，她也是非常肯定和赞许的。

经过一段时间的努力和特意制造的一些巧合，我终于追到了她，她答应和我在一起的时候，我像是一个学习成绩差的孩子终于通过自己的努力获得一百分一样兴奋。

我们努力维护着这段感情，出现问题时，不管是谁的错，我们也都不会选择冷战，而是很有默契地原谅对方，也从不轻易说分手。

我去韩国那段时间，也是在她的鼓励下，才得以有无限动力坚持下来。一天艰苦的训练下来，唯一能让我嘴角露出微笑的事情就是和她聊天了。我们两个人相互倾诉着苦恼，讲述着自己一天的生活，不知不觉中，就过去了一个小时，也许甜蜜的时光，总是让自己觉得时间过得很快吧。

甚至我努力学韩语时，她也会去看一些韩语教程，纠正我发音不对的地方。在她的鼓励下，我进步得非常快。

直到我随 Super Junior 出道以后，我们的关系还维持得很好，更没有因为自己出道成为明星就觉得我们俩的身份有些悬殊。

仍然坚持着有空就联系，有烦恼就相互倾诉，有时间就去看对方。

— 第一次失恋 —

可是我猜到了开始，却猜不到结局。一天我正要录制一个节目，还在后台准备登台，接到她打来的电话，我兴奋地和她讲节目的内容，她却很沉默，半天才说了一句话："我累了，我们分手吧。"

听到这里，我的世界瞬间如五雷轰顶般，我又问了一遍："你说的是真的么？"

她重重地说了一个字："嗯！"

我默默把电话挂断，一拳打在了后台的柱子上，因为力道太大，手马上就裂开了几个口子。当时在场的每个人都吓傻了，我看见自己的手不断往外流血，自己却感觉不到疼痛。也许，心太痛了就会冲淡肉体疼痛的感觉吧。

化妆师马上找到了酒精帮我消毒，他们帮我把伤口简单包扎后，我就带伤去录了节目。

录制整个节目时，我的状态都非常差，主持人在努力调节气氛，可我还是无法调整自己低迷的心情去适应他们欢快的气氛，以至于节目被迫中断了几次。

几个小时的节目录制终于结束后，经纪人才把我送到医院对伤口进行包扎处理。

在缝合伤口时，虽然打了麻醉，依然感觉伤口传来的阵阵剧痛。

当时我心里在想，真的就这么结束了么？那我们以前想好的那些未来呢，我们许下的诺言呢，说好的要一起去的那些地方呢？现在看起来就像一个笑话。

心里仍然有些不甘，就想找她把话说清楚。我继续打她的电话，她挂断了，等我再打时，电话已经关机了。

那个夜晚，辗转无眠，脑海中回忆起很多事情。想起我们初次见面时她的笑容，想起我们第一次牵手时的美好，想起我们曾经走过无数遍的那条路，想起我们一起畅想过的未来……

现在一切都是浮云，当初许下的那些誓言，到最后，只不过是一场空。

很长一段时间，我都沉浸在分手的痛苦中难以自拔，但最令我痛苦的就是明明自己心里很苦，却还要在台上表现得激情四溢，还要在节目中开那些可有可无的玩笑。

半年过去后，时间基本帮我抚平了这段伤口，自己也渐渐从失恋的阴影里走了出来，甚至有的时候我要感谢她，教会了我成长，教会了我坚强，教会了我正确处理感情的方式。

很多人会问我做过的最浪漫的事情是什么，我想了想，我做过的最浪漫的事情，应该是给那段逝去的恋情写了一首歌，收录在我的第一张专辑中，名字叫《撑伞》。

也正是这段不完整的感情，给了我创作灵感吧。生命中，我们会遇到很多人，有的是对的人，有的是错的人。我们需要不断错过错的人，才能和对的人相遇，那个错的人走开，才有机会让那个对的人走进你的世界。

记忆更迭，谁让谁的回忆变得苍白，谁无悔着谁的执着。回忆里的那个人，感谢你曾出现在我的生命中，给予我最美好的时光，你一句话就把这段美好的时光变成空白。

一段感情走远了，那就让它走吧，你能给这段感情画上的最美丽的句号，就是大方地说再见吧。过了一段时间，也许你还能大方地祝她幸福，这应该是你的成长，这也是你一生苦旅中必须经历的失恋吧。因为失恋过，才真正让你懂得如何用心去珍爱一个人。

每一次失恋，都是一次成长吧。
勇敢说出祝福，也许需要很大勇气吧。
不过，我还是鼓足勇气说出了祝福。

Night 5

音乐 · 家

习惯一个人的音乐，一个人的音乐是心灵最深处的呻吟。

— 相信，这个世界最美好的声音 —

音乐，不仅仅是跳动的音符，更是生命的律动。

小时候对音乐没有什么概念，更没有想到自己后来会成为一个歌手。童年的记忆里，只有家里那台老旧的收音机和音乐有所联系。小小的我还曾研究过那个像盒子一样的东西是怎么发出声音的，可惜研究半天也没研究明白，后来只能放弃了。

听奶奶说，我很小的时候，就会随着音乐的节奏手舞足蹈了，经常把家里的亲戚逗得很开心，也许是奶奶看到了我的这个天赋，就一直很支持我学舞蹈吧。

长大后，懂事了，才明白那种具备特殊魔力的声音叫作音乐。

后来去了中央民族大学学舞蹈，接触的音乐就更多了，逐渐发现，音乐是会引起人情绪的变化的，而每一首歌，更是创作者生活态度的一种表达。

激情澎湃的音乐，会激发人情绪的兴奋点；而悲伤的音乐，会勾起关于过去的回忆，引发一些思考。

一次，在一个深夜电台节目中，听到了一首很棒的歌，不禁被那灵动的旋律感染，感觉后背发麻，脑海中不断回忆起一些曾经的事，我的眼角竟然有些湿润，让原本自诩很理性的我，忽然被感动。那时内心的震撼，至今都记忆犹新。

音乐就是这样，不管此时你的心境如何，它总有自己独特的神奇魔力，触及你最柔弱的那根神经。

不知道有多少次，走到一个地方，听到一首熟悉的歌，内心或涌起一种兴奋，或被那段旋律感染，或想起一些往事，过往的人，过往的心情，那些逝去的回忆，又在这个旋律中重新回来；或甜蜜、或心酸、或温暖，都是我们生命中一些真实的存在，或许此刻回忆起来，那些心酸的，也会变成温暖的回忆吧。

慢慢地，自己的生活也习惯性地被音乐填满，当心情烦躁而又无法平静时，当内心委屈无处倾诉时，我习惯性地打开音乐来调整自己的心情。

渐渐地感觉音乐就像我的朋友，为我解开心结，为我治疗忧郁。习惯听着优美的旋律跟着唱，糟糕的心情很快就会恢复正常，原来音乐也是能治愈的。

逐渐也羡慕起那些做出优秀音乐的音乐人，为那么多人带来情绪的温暖，更羡慕他们能用音乐这种特殊的方式表达自我。

上学的时候，基本每星期都会去一趟音像店，寻找自己爱听的专辑。

当时比较喜欢一些欧美的歌手，常常听到一首好歌就会热血沸腾，然后就会努力省钱，攒够钱去买自己喜欢的那些专辑。

听到一首好听的歌，就会一直听，直到学会唱后才罢休。

直到后来有了MP3，就方便很多了，但是自己买CD的习惯还是一直保持着，总觉得听CD和听MP3是两种不同的感觉。

在韩国当练习生时，每天都会安排一节声乐课，这项课程是我最喜欢的项目之一，我会认真记录老师讲的每一项乐理知识，无数遍重复发音技巧，我敢肯定，对于学音乐，我不是最有天分的学员，但一定是最努力的学员，也许我那个时候就奠定了自己的音乐梦想了吧。

后来随Super Junior出道，由于语言的问题，虽然我在乐队里不是主唱担当者，却也锻炼了自己的舞台表现力。

2009 年宣布与 SM 公司解约后，那段时间比较迷茫，上网的时候，看到很多负面评论，每个人说话都特别尖酸，情绪就会有些暴躁。朋友会给我放一些纯音乐，听着那优美的旋律，感觉像把心带离了这喧嚣的尘世，一种淡淡的感动随之而来，浮躁的心也渐渐回归平静。

有时候我会想，如果我们的世界没有了音乐，那么我们的生活是不是就会很平淡，那我们是不是就缺乏了更多与自己内心对话的时刻……

— 十年庚心，莫逆于心 —

音乐不仅仅是一首首歌曲，更是歌者的一种自我表达。
有一次和我的制作人聊天，我问他什么样的音乐是好音乐，他给我的回答很简单，就是能引起人共鸣、感人的音乐，他继续解释：“最真实、最朴实的东西最感人。”

《三庚》这张专辑，就更多的是我出道十年间的一些经历和心路故事，是我在如深夜般寂静环境中的自我感悟和倾诉。

十年，对于一个男人来说，是一个成长阶段，象征着一个男人的成熟和蜕变，而十年的意义，对于我来说，不仅仅是如此，它更代表我事业的起步，是我人生最重要的阶段。

还清晰地记得一部电影中的情节，前一个镜头，电影主角是站在舞台上的超级明星，在舞台上尽显王者风范，舞台下更是万人的追捧和如雷贯耳的掌声。但所有掌声结束后，转到下一个镜头时，他一个人坐在酒店的沙发上，即使旁边放着无数的鲜花和未拆开的礼物，都难掩他的疲惫和孤独。看着呆坐在沙发上的他，眼神空洞，没有任何神情，我的眼泪突然掉了下来……

那不就是我的真实生活写照吗？每次工作结束后，回到家的我不去卸妆，也不想去洗澡，就呆呆地坐在沙发上。无论电视中播放的是精彩的剧情，还是无聊的广告，我都没办法集中注意力。坐在沙发上发呆，成为我工作后的常态，经常等自己回过神后才发现几个小时已经过去了。

无数的光鲜亮丽也难抵繁华褪尽后的空虚和孤独，艺人，他们的生活是多角色的扮演，而真正角色背后的一切，只有自己能够明白。

艺人身边的朋友虽多，但是真正的朋友却很少，所以很多艺人都没有安全感。

孤独、空虚应该就是我出道十年的状态，所以这张专辑的歌词会有一些悲观，但这都是我想要表达的东西。

新专辑中《夜伴三庚》这首歌的歌词表现了自己出道十年的常态

和想法，歌词还略带批判性。

录制 MV 时，我想把人性，人的黑暗面表达出来，所以用了一个概念，通过镜头展现出人性的傲慢、嫉妒、暴怒、懒惰、贪婪、色欲、暴食七宗罪。

每个人都拥有或多或少的执念，我在 MV 当中，作为人性的“观察员”，将大家所贪求的一切给予他们，任由他们在无休止的欲望面前膨胀，最终毁于自我的贪婪。

而整支 MV 要表达的核心是：人前人后，利益交换，混沌不清，在这人人都带着面具的世界里，不断上演着各种荒唐怪诞的行为。试着跳脱，太难；试着妥协，也难；在纠结与矛盾中不断地穿越来回，到最后几乎快忘了自己是谁；就在最后才发现，要找回自己，最难。

在录制《逃不掉》时，我在棚里待了两天两夜。制作人给了我一个旋律，让我自己填词，听着那个旋律，所有情绪爆发出来。也许因为晚上的疲惫不安更容易抒发情绪，很多曾经的事情就那么一件件从脑海里浮现出来，一路走来的心酸和不易打动了自己，眼泪也一次次决堤……

无限悲伤袭来，也有了很多灵感，脑海里浮现出无数有画面感的词汇。就这样，一边流着眼泪，一边写词，熬了一个通宵，改了无数遍，终于得到满意的歌词。后来也是在哽咽中完成了这首歌的录制，有可能在听这首歌时，还能感觉到声音的不同。

这首歌更多的是表达一个人内心的一种煎熬和坚持，很适合晚上一个人在家听，贴近孤独，回首发现生活本就如此。我们都在漂泊，我相信，孤独的人会懂。

渐渐地，我现在也信佛，不算特别虔诚的那种，只是在自己很烦

的时候会去佛堂坐坐，让自己的心灵回归平静，学会平缓一些，不那么浮躁。

现在觉得自己做的音乐算比较小众的类型吧，有的人能接受，有的人会觉得很奇怪，很多人还会觉得我的转变特别大，这应该就是我出道十年的成长和蜕变吧，这些东西就是我内心想要表达的。

不管会有多少人能理解这张专辑，对于自己的信念，我会一直坚守下去。起码，这是一个有诚意的作品。

Night 6

电影·梦

我只是演员，演员的理想是追求不同的角色，我也是。

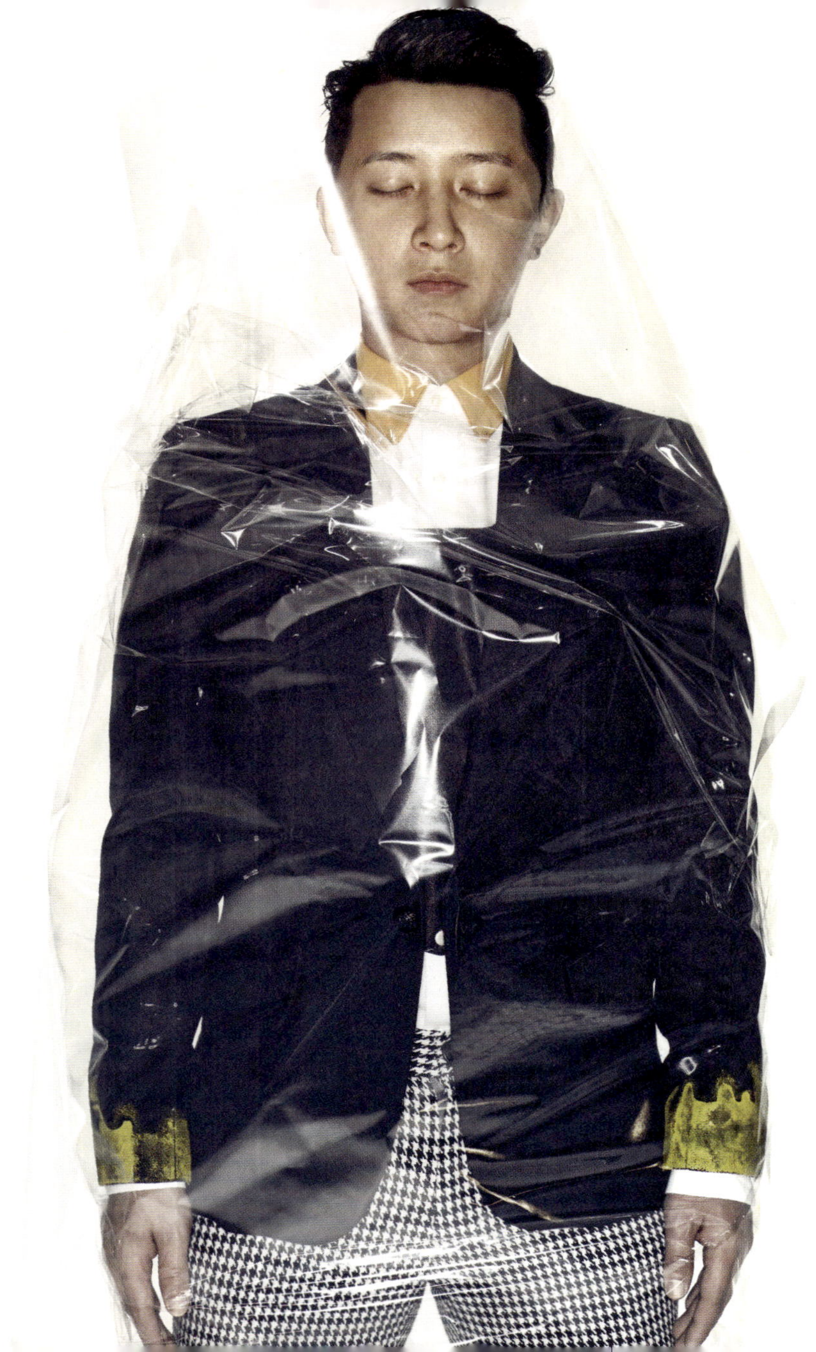

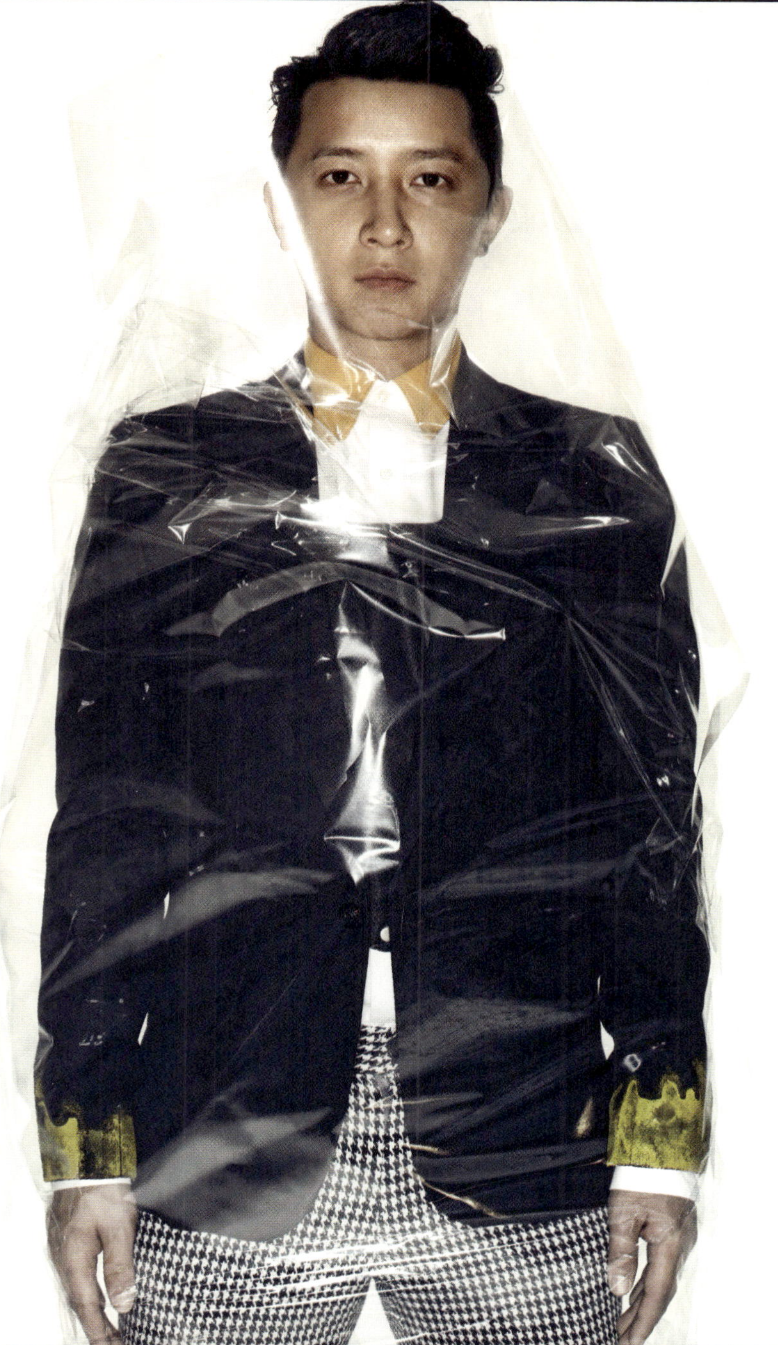

— 爱电影 —

其实每个人的一生就好像一部电影，而自己就是那部电影里的主角。

电影，俨然已成为我生命中重要的一部分，作为我人生的一种信仰，是支持我向前进的精神武器。

不记得是从什么时候喜欢上电影，只知道每次看完一部好电影，都会久久地沉浸在电影的场景中不能自拔，会思考很久。有时候会想，这部电影是通过什么手法让观众感受到内心的震撼。还经常会把电影的情节在脑海里重新温习一遍，慢慢地就能发现情节中的一些跳跃，发现表演中的一些不妥，有时候都觉得自己有些吹毛求疵。

其实，我一直有一个电影梦，在中央民族大学学习时，一个老师就和我们说：“舞蹈系的学生学表演有形体上的优势，肢体比较灵活，能驾驭很多角色，只是台词功底会比科班学生差一点。”她非常鼓励我们在表演方面发展，也是由此，我就更喜欢表演了。

舞蹈系毕业后，我曾想要考北京电影学院和中央戏剧学院的表演系，但是因为学费很贵，家里的经济条件很难承受如此昂贵的学费，只能放弃这个想法。

后来在韩国当练习生的时候也有表演课，我就学得很认真，出道以后也一直挺期待能有机会参演电影，也许是和经纪公司的规划有悖，他们并没有给我当演员的机会，只能“眼睁睁”看着一些自己很想演的角色与自己擦肩而过。

虽然错过了很多好的机会，但是我相信我一定还会有当演员的机会。

—— 电影初体验 ——

一个歌手想转型做演员挺难的，非科班出身想做演员，最难的就是认可了。

2009 年的时候，电影市场没有现在这么好，很多导演是不敢用歌手的，觉得他们根本不会演戏，不像现在大部分电影都会找一些偶像明星来吸引粉丝拉票房。

然而，我是幸运的。高晓松导演在那么多优秀的演员中选择了我，给了我参演电影《大武生》的机会。听到这个消息时，我简直要开心死了，当时想，一定要好好表现，要对得起晓松导演的那份信任。

对于自己的首部银幕处子作，我还是挺有压力的。做歌手只要想着怎么在舞台上更吸引人一些，但是做演员却需要每天研习剧本，

揣摩剧情，以至于开拍之前我都变得有点“神经质”。每天睡觉前都会在脑海里回放剧中片段，思考自己要怎么去表演，翻来覆去难以入睡，本来就可怜的睡眠更加难以保证。

我在《大武生》中饰演的角色，性格跟我本身很像，他内心很丰富，有时又会沉默寡言。但在我看来，他的性格又非常简单，他重情义，不喜欢虚华，对待感情非常单纯。

这样的角色很丰富，非常吸引我。他身上背负着家仇，同时又要处理亲情、兄弟情、爱情之间的关系，非常有挑战性，演起来很过瘾。

晓松导演很懂得鼓励演员，他有自己的一套方式，他在现场都是：“好，非常好，太棒了，就这样，再来一条！”虽然还是要重拍，但在这种鼓励下，就会非常有动力，慢慢地，我对自己更有信心了，也放开了很多，逐渐找到演戏的感觉。

— 生猛敢鲜 —

拍戏时，我提前了三个月就到组里训练，每天像上课一样，跟武行一起练习劈腿动作，每天打靶子，扎马步，耍花枪……刚进组的时候，我什么动作都能做，因为以前在学校的时候也做过，练习踢腿的时候，就回想起上学的感觉。

武行的兄弟做一些高难度动作，我就跟着做，但由于八年没有练功了，身体柔韧性没有那么强了，突然重新练，还做得很猛，结果第四天的时候，自己在用力时肌肉拉伤了，所以就得到了一个称呼“生猛敢鲜”。有时候太想做成功一件事情，结果就会和你的预想相悖，因为我的“急功近利”让自己受伤，后来还拖延了剧组的整个行程，这让我有些自责。

拍动作戏真的很考验一个演员的耐力，要耍枪、舞刀，还得劈腿、空翻……虽然在电影里看着只有几秒，但是演戏的时候却是非常辛苦的，经常会受伤，对于八年没有练功的我来说，无异于拿命在拼，拼耐力、拼技巧、也拼自己的身体。不过还好，对于年轻人来说，做自己喜欢的事情都不拼命，那还有什么是值得自己拼命的呢！

每天拍完戏收工后回到酒店，就感觉全身疼痛，腿脚都不听使唤，连洗澡的力气都没有，第二天起床更是全身疼痛，但还是得咬牙坚持着去现场拍戏，没办法，全组几百个人都等着自己呢。

虽然拍戏的时候很苦很累，不过《大武生》上映的时候，我还自己买票去电影院看了，看到自己首次以拍动作戏登上大荧幕，内心充满了无限激动与喜悦。看到最后，我在电影院哭了，更多的应该是幸福的眼泪，我觉得自己成功了。

—— 内心戏 ——

说到内心戏，让我印象最深的就是《致青春》里的林静了。刚接到剧本时，我一口气把剧本看完。剧本看到最后，我流泪了，是那种情不自禁的眼泪，剧本太感人了。

我理解林静是比我还要闷的一个人，年轻时很自我，比较堕落，有些极端，喜欢逃避，但很多东西又不敢去面对。

尽管戏中的年龄跨度不是很大，但是他的经历让他看起来是一个挺“沧桑”的人，要演好这样一个纠结的角色，就需要我的内心更强，从里到外都要更强一些，甚至没有台词我也能够向观众表现出来这几年他发生了什么事。

表演林静这个角色时，赵薇导演给了我很多灵感，因为她也是一个优秀的演员，她教会了我很多表演的技巧，让我有了很大的进步。

一直以来，我很想让大家觉得我是个真正的演员，不是那种只能吸引粉丝，耍耍帅就过了，而是真的有想法的一个演员，不仅仅只是一个明星。我也一直在等待一个不错的角色出现，我相信自己有能力诠释一个好角色，展现另一个自己。

—— 突破，自己也有天赋 ——

如果不逼自己一把，你永远不知道自己有多少潜力。

目前为止，对我影响最大的角色就是《万物生长》里面的秋水了，这个角色深深地刺激了我，演完后自己完全变了一个人。

秋水是一个特别贫的北京男孩儿，带点儿痞气，有点儿花心，有点儿坏。其实这个角色和我的个性有很大的差别，接这部戏的时候，

我就没有特别大的信心。

听李玉导演说，选角的时候，基本所有人都反对用没有演过几部戏的我，但是她看到了我身上和秋水一样很迷人的坏，以及让人匪夷所思的真诚，所以她憋着一口气坚持用我。

见第一面时，李玉对我说："你是个很nice的人，但你不是个好演员，你不会演戏。"

如此话语，虽然有些伤人，但我还是虚心接受，对李玉说："一百个人里恨不得有一百零一个人说我不是演员，但我希望做个好演员。"

—— 脱胎换骨 ——

开拍前几个月，我天天去李玉的工作室报到，跟上班似的，按时按点。李玉给我做即兴训练，推开门就告诉我："我是你最好的朋友，泡了你女朋友，现在你怎么办吧。"

她一直跟我讲，"投入，进入，让看的人相信你！"

我以前是没有做到这点的，有时候连我自己都不相信能做得到。李玉就刺激我："连你自己都不信，凭什么让别人去相信。"后来我硬着头皮去演，慢慢地，我整个人放开了。

轮到詹瑞文授课，他把我直接往地上摔，以刺激我爆发的小宇宙。有一场排练，詹瑞文让我和齐溪躺在地上，让所有人都去打骂我们，李玉走过来，直接用脚踩我的手，同时让我哈哈大笑，等折磨够了，又让我们两个人爬起来面对面，进行第一次身体接触。

这种近乎绝情的训练，确实开发了我不少潜能，但同时也让我哭了，又委屈、又惊喜，好像某种被压制的情感得到了释放，我从来没有过这样的感受。用朋友的话说：那天我真是哭成狗了。

还好，哭过之后，发现自己进步非常大，导演说我完全可以驾驭秋水这个角色了，直到获得她的肯定，这部戏才正式开拍。

李玉导戏有她自己的风格，她拍戏就让你尽情去演，不喊卡，直到你演得让她满意为止。

演《万物生长》时，我特别信任李玉，就像依存多年的弟弟信任无所不能的姐姐那样。因为李玉给了我同等价值的信任，这次接收的信息量是我从影以来最充足的一次，我全身心投入，完全入戏。演戏时，我就是那个痞里痞气的秋水，是那个让青春肆意滋长的大男孩儿。拍摄现场，什么都是真实的，眼泪、争吵、醉酒、心碎……我似乎将这三十年的眼泪流尽了，不知道是秋水的忧郁还是自己的苦涩。

有场戏拍我跟齐溪吵架，齐溪猛扇我巴掌，扇了很多次，脸也肿了。拍完，我拿凉毛巾捂着肿脸，边抽烟边掉眼泪。后来我见到齐溪都会有些心理阴影，总躲着她，可能是太投入秋水那个角色了，戏拍完了还没能走出来。

另一场跟范冰冰吵架的戏，她走后骂自己是傻逼，骂完之后我就一个人在那里，觉得自己可怜极了，很悲哀，感觉到自己已经进入了那个角色，无尽的悲伤袭来。于是问自己在干嘛，但是导演一直没有喊卡，不知道接下来该做什么。我就跟着自己的心情走，拿起现场的酒喝了起来，想起很多悲伤的事情，我有点醉了，就在那里一会儿笑一会儿哭，和神经病一样，内心那种压抑被无限释放，喊卡后就自己出去继续哭，直到哭完再回来看回放。

—— 重温青春 ——

记得有场毕业的戏，我们晚上在天台一直喝酒，喝了很多，大家都有点儿喝高了，情到深处，每个人都眼泪乱飞，抱在一起痛戶大哭，哭完了继续喝，然后往墙上砸酒瓶子，与自己肆无忌惮的青春告别。

这不禁让我想起自己毕业时，告别宴那天，我们也是这样哭，这样砸酒瓶的，突然有种时空错位的感觉，感觉又把自己的青春重温了一遍。

—— 导演的坚持 ——

接拍《大话西游 3》之前，我拒绝了刘镇伟导演的三次邀约，因

为我觉得这样经典的角色是很难被超越的，任谁演都会被骂。

其实我小时候也有一个西游梦，很喜欢悟空，看到制作阵容也动心过。我以前演的角色都是那种有点儿悲情的，就还挺想尝试喜剧的。也许是自己的顾虑太多了，只能很抱歉地拒绝了导演的热情邀约。

但是刘镇伟导演很坚持，他又私下找了我好几次，每次都想说服我，但我还是没有答应他。

最后他想出一个“高明”的绝招，让我彻底放下自己所有的包袱，最终接拍了这部戏。

挺感谢导演对我的这份信任的，估计导演也是看到我其实还是有些喜剧天分的。这部戏中，我用了很多自己的方式来诠释至尊宝，可能会和星爷的版本有很大的差别，但也算是各有千秋吧。

我觉得无厘头是一种很有趣的艺术，但不是恶趣味，而是让人笑完之后能引发深思。在剧组拍戏时，化妆师帮我贴上毛就觉得自己是孙悟空了，瞬间有种猴子上身、即将爆发的感觉。

在这部电影里，我一个人演了三个角色，角色的转变比较大。一人分饰多角这一点挺考验演员的能力的，需要迅速从一个角色抽离到另一个角色中，需要很强的应变力，还好，我觉得比起陷在一个角色中无法自拔这样更好一些。

这部戏有很多动作戏，有几场戏是连续三天都吊着威亚，还要自己做很多空翻、侧踢、耍棍子的动作，这简直就是特技演员的难度。

还好我有舞蹈和武术功底，为了不穿帮，就没有用替身，我一直在威亚上吊着，拍完身上有很多地方都是淤青的，还受了不少伤。从威亚上下来就和刘镇伟导演开玩笑说："难怪你坚持用我，原来还能把特技演员的钱都给省了。"导演也只是笑笑，安慰我说：

“辛苦了！等杀青了一定私下请你吃饭。”

每天早上醒过来，疼痛就不断蔓延，腿也跟灌了铅似的，走不动，只能在别人的帮助下“被架着”去剧组继续拍。那时想，如果现在导演安排一场演瘸子的戏，那么没有比这个惟妙惟肖的了。

最累最苦那段时间，我就开玩笑一直和经纪人说：“下次再也不接拍动作戏了，太苦了！”但想想还有很多人在背后支持我，我不敢放松，更不敢放弃，只能咬牙坚持下去。

但是过了那个瓶颈期之后，就会觉得动作戏也是很过瘾的，拍完自己也有了很多突破。

一个好的演员，就应该是什么角色都能驾驭得了的，我一直都很喜欢表演，我也非常愿意付出所有努力让自己一步步蜕变成一个更为优秀的演员。

alive

FORCE DOWN
BY YOUR BRAND

Night 7

故乡·归属感

我们都渴望家，渴望理解，渴望安全感。

—— 活在阳光的阴霾里 ——

我只想闭上眼睛去流浪，像一阵风一样，背着我的行囊，自由是方向，明天会怎样，时间会揭晓答案。

2009 年 12 月的一天，参加完一个颁奖典礼，我就买了一张机票，直接飞到丽江去了，那时候就想着要避开媒体，找一个没人的地方逃掉，也不知道以后将面对什么。不过对于未知的风景，还是抱着很多憧憬和好奇的。

冬天的丽江，和北京比起来，温暖了很多。天空有一种迷人的蓝，云朵也很美丽，就像一幅浓重的油彩画，很唯美，很迷人。以至于刚到这里的我，有一个冲动，想在这里一直生活下去。

在去丽江之前，我曾想过把所有纠结都抛在九霄云外，以为在这里，可以暂时放下所有苦恼，享受一下宁静的快乐，可我还是没能彻底放下。

偶尔还会上网，看到很多人骂我忘恩负义，心里挺难受的，就想自己到底做错了什么，自己其实是很委屈的，但是我依然保持着沉默，因为我知道，此时的我，不论说什么，都会受到别人的质疑和攻击。

宣布解约后，我已经做好最坏的打算，如果以后自己不红了，或者遭到集体封杀的话，就回去做舞蹈老师，幸好自己还有一项技能，还有一些朋友，也不至于被饿死。

虽然已经想好了退路，但每每走在丽江古朴的街道上，穿过一条条空幽的古巷，涌入纷杂的人潮，心里还是一直无法释怀。每天都有一种无所事事的迷茫，虽然身在一个很惬意的地方，内心却是无尽的空洞。

记得有一次，我和朋友去到丽江的农村，那时候有一家人正在办婚宴，很热闹。那边有一个习俗，办婚礼的时候会邀请全村的人到家里吃饭，我和朋友就混到了里面，因为来的人很多，谁也不认识谁，就在那里蹭了一顿饭，还喝了很多酒，全程都没有人认出我。虽然天很冷，但我感觉到了前所未有的轻松和快乐，也觉得这顿饭吃得比任何时候都有意思。

平静又轻松的生活过久了，无所事事的迷茫却变得越来越深重了，我也开始逐渐烦躁起来。

看到网上的骂声愈演愈烈，逐渐演变为恶毒的人身攻击。可是我觉得自己没那么差吧，而我又是那种不能被刺激的人，一旦刺激了我，我就会爆发出无限潜能。

一天晚上，我趟在床上，却怎么也睡不着，我把这段时间的生活回顾了一遍，心想如果自己还是这样待下去，也许真的没有任何前途了。于是我暗暗下定决心，准备大干一场，我要把专辑、MV、演唱会做起来！

那时和原公司的官司还没有完结，我就私下找朋友联系到一些音乐制作人，和他们一起暗中准备自己的个人专辑。自己先做一些收歌选歌的工作，等官司完结了，才正式开始和团队一起做专辑。也就是在这样的努力中，我的第一张专辑《庚心》终于面世。

本来预先想的是做一个小型歌友会，但是一次在饭局上和朋友聊天，正好谈到歌友会的筹备工作，一个朋友提出一个质疑："为什么不做大一点儿呢！"就是在这种大胆的设想中，我们又找到了很多资源，随后在北京展览馆举办了自己的个人演唱会。

迷茫其实是每个人生活中都会经历的一个阶段，但重要的是在迷茫中不要失去前进的动力。如果累了，就让自己休息一会儿，但是要记得找回你的方向，就像一句话说的："不忘初心，方得始终。"

— 居无定所的吉卜赛人 —

从一个城市到另一个城市，每天都在上演着双城记，似乎是习惯了这样的生活。

其实是害怕去机场的，尽管心里清楚过几天还要再回到这个地方，但内心总有一种要离开的伤感。

自从我成为艺人，多年来一直持续着在路上奔波的生活，起居基本都是在酒店度过，这种类似流浪的生活，不禁让我觉得自己像一个吉卜赛人，这样的生活过久了，内心的疲乏越来越深重，慢慢地，感觉自己都变得感性起来了。

几年来，行走在各大机场，看过无数次悲欢离合，可是每次看到在机场依依不舍的恋人，还是会被他们那种深情所感动，心想，如今依依不舍的他们，几年后，还会记得彼此曾这样深深凝望过

这个人么？还会记得离别时那份抓心挠肝的感觉么？还会记得曾经在某个地方落过泪么？当然，我是希望他们能记得的。

每次到机场，我都会注意观察身边上演的一场场离别戏。经常看到的场景就是：那个留下来的人，用热切的眼神看着玻璃窗内即将远走的人，似乎是要记下她的背影，直到那个背影走远了，他才转身过去。转身的时候，我注意到他用手扶了扶眼镜，应该是流泪了吧。

我不禁在心中想，这一定是一对不得不分开的恋人吧，也许那个离开的女孩即将去国外留学，也许，那个女孩是过来看这个男孩。不管是什么样的身份，离别的机场，总是让人伤心的。

我也看过一个人到机场的身影，在步入安检口的那个刹那，突然停住了前行的脚步，再回头深情地看一看这个城市，然后才缓步地走进安检口，对于这样的背影，我猜测他应该是和我一样即将远行的旅人吧，深情回头看的那一眼。也许是在期盼着某一个背影出现让自己留下，可现实却是让人失望的。当然了，我还有另一个更大胆的猜测，也许，他曾经在这个城市居住了很久，最后离开了，来到这个城市，是为了来看一个很久未见的人，没有见到那个人，心中还有很多遗憾，最后回头看看这个城市，希望自己有一天也许还会再来这里……

不禁想起几年前，自己离开中国去韩国的时候，我也曾经无数次回头看即将要离开的那个城市，要离开的那群人，在过海关时，还止不住地流下了无数热泪。

如今,每天奔波于机场中,不会再那么深情地回头去看一个地方了，也许是习惯了，也许是，那个地方，没有我可以留恋的东西。

对于空姐职业而礼貌的笑容，我的习惯是回馈她们同样的笑容，不管我们的职业是怎样的，地位有怎样的差别，但我觉得，在生活中，最重要的就是懂得尊重别人。

每次航班，我都习惯预订靠窗的座位，喜欢看那连成一片片的云，让我有一种漫步云端的感觉。不禁想起小时候看的《西游记》，里面的仙人们就是在这样的云彩中飞来飞去，真是觉得惬意极了。

—— 离别的机场 ——

有一次，由于第二天要赶早晨的航班，头天晚上又喝了些酒，头很痛，很不想起床，但时间又非常紧，眼看距离航班时间越来越近，就只好穿着睡衣去机场了。头发乱糟糟的，整个人的精神状态也不是很好。然而最让我尴尬的是，我竟然被一个歌迷认了出来，她有些怯怯地走到我身边，用疑惑的声音问我：“你是不是……？”还没等她说完，我只能快速闪人了。

其实，现在想起来，还是觉得挺好笑的，我毕竟还是个偶像啊，如此不注重自己的形象出现在公众场合，要是遇到狗仔，那不又是糗大了。

— 接机 —

每次在一个城市落地，就会有一大批粉丝在机场拉起接机阵营，这让我挺感动的，不过也给我带来挺多困扰。以至于现在养成一种习惯，下了飞机，快到出站口时，就会四处瞄，看有没有粉丝，如果有粉丝，精神就会高度紧张。

印象中令我很尴尬的事情是：我需要去卫生间，跟粉丝说了不要再跟着我了，可依然有很多不气馁的“跟随者”，还好那天经纪人在，他帮我在外面守着。可粉丝们还是不愿意离开，就能听到

一些人很惊讶地发出感叹：“原来明星也上厕所啊，明星上厕所是和普通人一样呢！”

听到这些我就会觉得很奇怪，我毕竟不是神，明星也是人啊！

粉丝们能在百忙中抽出时间去机场接机，其实我挺感动的，不过我更希望大家能好好工作，不要把时间浪费在这些事情上。

— 寻到一处安身之所 —

你不是真正的快乐，你的笑只是你穿的保护色。

在很多人眼里，我是一个极度缺乏安全感又有点儿自闭的人，其实，我真的是一个很缺乏安全感的人。

也许是自己很小就远离家乡，一个人在外面生活的原因，也许是毕业那段时间心酸的北漂经历，或许是在韩国那段时间的经历，总是感觉自己很孤单，很没有安全感。

现在在北京有了自己的家，但还是习惯住小房子，小房子给我一种温暖的感觉，而且想要找什么东西的话，很快就能找到了，而大房子总给我很空的感觉。

艺人是一种表面看着很光鲜，其实背后很心酸很孤单的职业，很多人接近你，只是想利用你的光环和名气去赚钱；当然，你也很可能被身边的人出卖，慢慢地，就习惯了把所有心事藏在自己心里。

回家第一个习惯就是打开电视，也不是想看电视，只是打开了电视，有点声音就不会觉得太冷清。

每天回到家，看着冰冷的家，冰冷的墙壁，心中的心酸就会无限

蔓延开来，躺在沙发上不知道是一种什么心境，也许是空，也许是疲惫，电视里在播放着什么，也完全不知道。

— 一个人 —

在很多个失眠夜，不禁回想起出道后身边发生的种种，回忆起那一个个走远的背影，那些在你面前把你捧上天，在你背后却不断捅你的人，心里的酸楚不断上涌，心想，为什么他们会变成那样？难道过去都是假的，难道是我太不健忘了么？或许，是我太纯真了，学不会成年人的交往方式吧。

经常一个人享受晚餐，一个人面对孤独的夜，一个人疗伤，心里好多说的话不知与谁说。即使跟别人说了又能怎样，谁会真正的关心你？也都只是敷衍般地安慰你，也许你跟别人说了，明天的头条就会变成你昨晚的胡言乱语。

也许，做明星就是需要牺牲真正的友情，牺牲自己倾诉的机会，以无比坚强光鲜的外表来作为代价交换的吧。

无数个夜晚，我都会梦到自己的小时候，梦到和家人在一起无忧无虑的生活，梦到和舞团的兄弟们在街边撸串的生活。在梦里，我感到前所未有的幸福和轻松，因为那种生活已经离我太远了，仔细想想，我有多久没像平常人一样陪家人出去自由自在地游玩，有多久没有随性地选择路边的小吃了？

不管到哪里都会被拍，做一个平常的动作，都会被媒体歪曲事实，被大众道德绑架。印象很深的一次就是，和一群朋友在北京的一家街边小吃吃东西，中途跑过来一只流浪狗，我看它很可怜，就喂了它一些吃的。但是我怎么都想不到的是，第二天新闻的头条就是“韩庚路边摊吃烧烤，微醉摇晃大喊呵斥野狗”，最后还上升到很多人骂牡丹江人素质差。

但事实却不是那样的，而所有委屈和误解却只能由我来承担，如果新闻不这么写的话，怎么去搏人眼球。

有一句话是这样说的："欲戴王冠，必承其重。欲达高峰，必忍其痛。"现在自己站在这个位置上，就应当有承受得了所有流言蜚语的信心，尽管自己会心痛、会流泪，但是在人前，你依然要微笑，这就是当明星的代价吧。

周边有一些亲戚的小孩儿总说自己长大后的愿望是要当一个明星，其实，当明星并不像很多人想的那样好。大众只看到明星光鲜的一面，却不知其背后堆砌了多少辛酸和眼泪。所以我会劝他们，如果可以的话，最好做一个普通人。

是啊，如果我是个普通人的话多好。

那样就没有人知道我叫韩庚，没有那么多人每天盯着我想要从我身上找新闻。如果我不是明星，就可以和兄弟们一起在街边尽情喝酒、聊天。没有人会觉得这有什么不妥，更不会出现在新闻的头条，被无数人责骂。

可惜，我已经回不去了，现在的我，注定不会有普通人的快乐，那就学会更坚强吧。没有甜蜜的爱情，那就等吧，相信每个人生命中都会出现那个对的人；没有太多的朋友，那就珍惜身边那几个好朋友吧。

现在我能做的，就是不断给自己安全感，去创造更多幸福和甜蜜的时刻，自己给自己鼓励，相信自己会越来越好的。

Night 8

温暖·小幸福

生命中总有些温暖的小事，让你觉得生活很有趣。

— 我的儿子 —

曾经有很长一段时间，每次结束完工作回家，就觉得家里好安静，好冷清，逐渐觉得生活很空很无趣，后来“虎子”来到了我的家里，给我的生活涂上了一些温暖的色彩。

它的眼神像夜间的风一样美丽，澄澈中，有一种灵动和飘逸，就像夜空里忽闪的星星，看到它的人，都会和那个“萌”字联系在一起，让人忍不住想要捏一捏。

像很多喵星人一样，虎子也是一只高冷的猫，刚刚来到我家的时候，它谁都不理，只要看见人，就马上找个隐蔽的地方躲起来，不管你怎么叫它，它都不会有任何反应。

慢慢和它培养了一些感情之后，才发现，其实它也是一只需要爱的小猫。

它也会粘人，也会依赖人，甚至会撒娇。每次到家门口，它就能感受到开门的动静，然后以灵敏的姿态跑到门口，等我进入家门，就能听到它冲我热情地叫着，像是为我奏响一首回家欢迎曲。

看电视的时候，虎子也会以它灵敏的身手一跃跳到沙发上，然后它会趴在我的腿上，微眯着眼，很惬意地睡着。

和虎子相处的时间久了，我们之间也慢慢产生了感情，就觉得心中多了一些牵挂，只要忙完了工作，心里想的第一件事情，就是要回家。

其实我们都是两个孤独的生物，在我看来，我们更像相依为命的“两父子”，让我找到一个依靠。

— 品酒的乐趣 —

很多人把酒和烟放在一起，把喝酒看成不务正业。其实，酒并不是不好的东西，它也有着很深厚的文化。

我觉得酒是一种经时间锤炼而得的东西，它汇聚了天地间的无限精华，是上天给我们的恩赐。

很喜欢在晚间的惬意时光，悲也好欢也罢，品一杯红酒，任思绪无限飘扬，然后在微醺的状态下沉沉睡去，不再为那些烦心的事情苦恼。

平常也会买一些酒放在家里存着，邀约几个朋友到家里一边品酒一边聊天，慢慢发现，心中的苦恼少了一些，笑容多了一些。

对于品酒我不是特别懂，经常没事时就会看一些杂志了解下相关知

识，偶尔还会去听一些品酒课。上这样的课，不仅让我对酒有了进一步了解，更让我学会把心静下来，学会去享受一种纯致的惬意。

现在觉得酒更像我的一个朋友，自从有了它，生活里多了一种乐趣，也多了一份恬静和安然。

— 朋友 —

我一直认为，朋友就是冬天里的暖阳，散发着温暖的光芒；亦或是一颗北斗星，在你迷失方向时给你指明前进的道路。

我曾经也有过很苦恼很迷茫的一段时间，谢谢我的那些朋友在我人生低谷时，还依然陪在我身边给我鼓励，给我前进的勇气，特别要感谢何老师、章子怡姐还有张瑶姐，这些演艺圈的“前辈”，能放下身份，与我做朋友，给我一些建议，不断给我鼓励，让我在人生的道路上少走了很多弯路。

张瑶是那种温柔如水的智者，我们非常聊得来，尽管我有时对她释放的是充满负能量的各种抱怨，她依然能静静地听着，并最后为我总结，然后给我指出一条很明朗的道路。

章子怡就是一个满满正能量的人，即使你已经对生活失去了信心，她也会一直鼓励你，把你从绝望之地拉回来。

何老师非常理性，对我来说更像一个大哥哥，他总是给我很多空间，帮我权衡利弊，最终让我做出决定。

他们是我仰望的人，又都是生活的大赢家，非常感谢他们，让我相信，生活仍有无限希望，自己一定要坚强，用阳光的心态去战胜每一个困难。

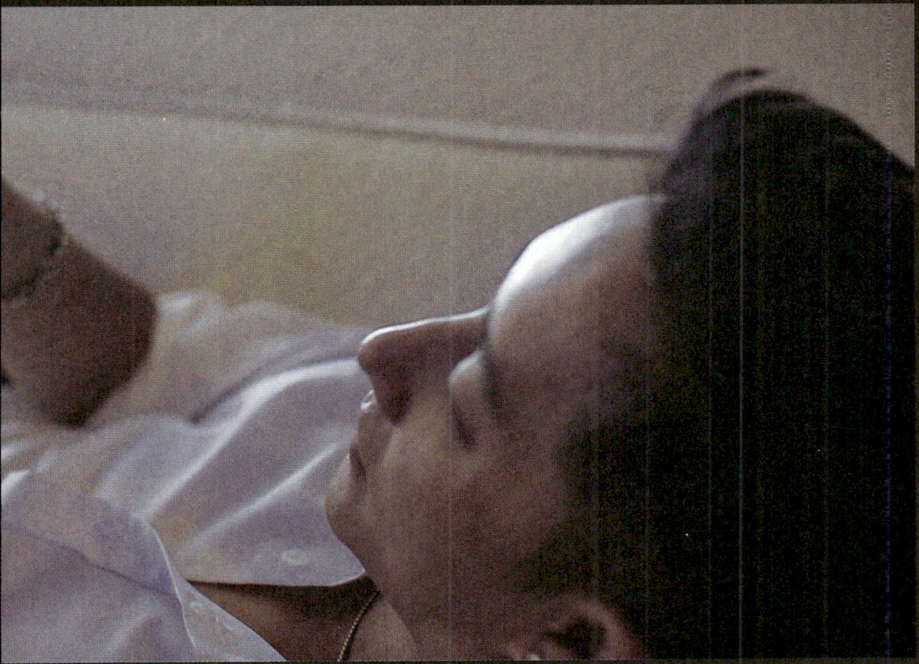

Night 9

世界·一本书

如果不去接触未知，我们的感觉将变得迟钝，我们的世界就那么小小的一点儿，就连好奇心也将消失不见。

—— 给你一双翅膀 ——

工作之余，我会把自己的时间安排得满满的，去做一些有意义又有利于排解工作压力的事情，譬如，我喜欢的极限运动、摄影和旅行都给我的生活带来无限精彩。

极限运动中，我很喜欢单板滑雪、冲浪和蹦极。

我不觉得极限运动就是很危险的运动，它不仅仅是表面追求超越自我生理极限“更高、更快、更强”的精神，还潜藏着一股回归自然、融入自然、挑战自我，达致“天人合一”的思想境界，不仅能很好地放松，更能锻炼一个人的意志。

在所有极限运动中，我最喜欢的就是单板滑雪，喜欢那片银白的世界，喜欢在滑道里一泻千里，感觉自己像是插了一双翅膀，可以尽情享受速度带来的快感。尤其是滑到无人之境时，心里会有

一丝丝害怕，就在心里不断鼓励自己："一定不要出什么事情，一定要活下来！"但是等到达终点的时候，就发现自己又成功实现了一次大突破。

每次都会惊喜于自己的成长，就会自己给自己鼓励："又坚强了一些，这些困境都能克服，还有什么是做不到的？"

— 记忆的记录者 —

不记得是什么时候喜欢上摄影的，我觉得摄影其实就是用相机作画，要注意构图、色彩、光线方面的东西，它区别于绘画的地方，就只是用的画笔不同罢了。

爱上摄影后，只要看到美丽的风景，或者让我感动的场景，我都

会用相机记录下来。慢慢发现摄影有一种更好的功能，是记录下自己生活的片段，让自己不会因为岁月的更迭而忘记一些记忆。

每次出去旅行的时候都会带上手机或单反相机去拍照，有时候拍到一张特别好的照片，心里就挺高兴的，然后再处理一下这些照片，即使只是把它们存着，都会觉得心里满满的。我想，等自己老了，再拿出这些照片来看，嘴角也会情不自禁地扬起来吧。

— 行走的书本 —

我觉得一句话说得很好：要么读书、要么旅行，灵魂和身体，必须有一个在路上。

去了不同的地方，看了不同的风景，知道了不同的事，感悟了不

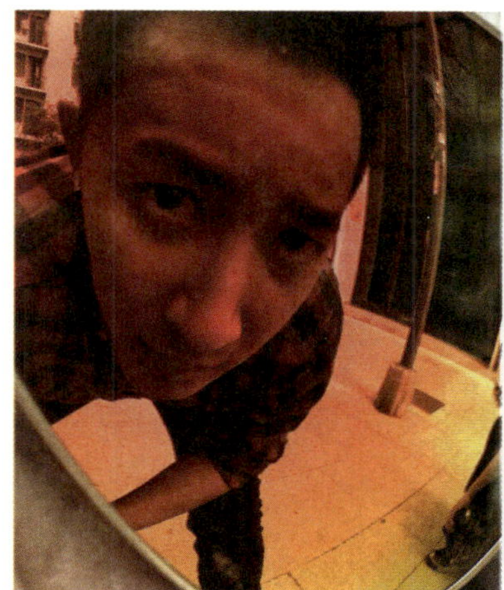

同的人生，生命才是完整的。 如果自己不出去走走，就会以为眼下的这片天就是全世界。

很喜欢旅行，喜欢去看不同的风景，看不同的天空。每年我都会给自己留下一些空闲的时间，背个包，买张机票就开始了自己的旅行。

去过的一些地方，最喜欢的还是泰国。整个国家的包容性很高，当地人很热情，总是不慌不忙，乐悠悠地生活着，他们还具备一种自嘲精神，自己也会被他们那种幽默感染，在那里总能找到内心的平和。

喜欢去有海滩的地方，喜欢潜水，探寻奇妙的海底世界。喜欢在海边晒太阳，喜欢顶着炽热的大太阳，躺在沙滩上曝晒的感觉，让阳光带走所有疲乏……

旅行是非常有意义的，即使只是看天、看雪、看海，看建筑，体会不同的风情 。渐渐地，自己的眼界也会开阔很多，心境也和以前大不相同了。

城市是喧嚣的，就需要我们偶尔离开城市，给自己的心灵放空一下，暂时放下繁忙的工作，以及沉重的生活压力，忘却那些无限的欲望，给自己的心灵和眼界一次休息。

世界是一本书，你看了几页?

Night 10

更新·庚心

成长，是一个残酷的过程。但我们必须努力改变自己，让自己更坚强。

— 每一段人生，都在极速前进 —

生命够曲折才够真实，人痛过才够坚强。

2015 年参加了一个很刺激的真人秀节目《极速前进》，在这个节目中，真是过五关斩六将，一路艰辛才走到最后，同时自己也成长和进步了很多。

参加这个节目之前，我对节目组唯一的要求就是一定要展示真实的自己，不摆拍。后来录制时，也是没有任何台本和导演安排，所有的环节都是表现艺人最真实的一面。观众在节目中可能会看到一些发脾气、闹情绪的镜头，但每个人都是有喜怒哀乐的，这就是一个人最真实的一面。

我本身就很喜欢极限运动，所以在众多节目中，我选择参加这个节目。

2008 年通过《快乐大本营》认识了吴昕，几年来和她也一直没有什么交集，仅仅只是认识而已，也算是缘分吧，这次节目组安排我和她搭档。

以前觉得她太文静，不怎么说话，也不会去抢话筒。而在这个节目中我对她又进一步地了解了。其实她是一个外表文静、内心火热的“女汉子”，很拼、很善良、也很有趣，可以是一个“好哥儿们”。在节目中，她给了我很多鼓励和勇气。

对吃虫子这件事我是非常抗拒的，但是每次节目安排吃虫子的时候，吴昕就会像个勇士一样跳出来，很大气地说：“我来！”那时候真觉得这个姑娘很勇敢，我也会被她的这种勇气给感染。即使内心再抗拒虫子，看一个弱女子都吃了，自己也就不再推诿了。

在土耳其伊斯坦布尔录制的那期节目，主题是“流浪”。节目组没收了我们所有的钱，要求我们去完成任务。那期节目真是让我感觉到没钱什么都做不了，不过一想到还有队友呢，我不能任性，就只能坚持去完成任务。有一个环节需要我们通过自己的方式赚够30里拉才能通过，于是我们选择了才艺。在街上表演卖艺，但是看的人很多，给钱的很少。生平第一次问别人要钱，请求别人的帮助，要放下面子，对于我来说，还是有一点儿难度的。刚开始我一直放不开，跳舞也是很简单的几个动作。后来吴昕再次展现了她的女汉子特质，在街上翻起了跟头。她的这一招还挺管用，当下就有一个人给了我们好几个里拉，看到她这么拼，我也渐渐放开了很多，在街上跳起了街舞，并且跳得很起劲。在我们的共同努力下，很快就完成了任务。

还好，那期我们得了第二名，没有被淘汰。

对于鸡这种生物，我是有心理阴影的。小时候被鸡叨过，就一直很抗拒和鸡近距离接触。记得有一期节目是和鸡有关的，我每次只要接触到鸡，就会心跳加快，浑身冒冷汗，节目录制了一段时间，

我的汗大把大把地流出来，我感觉自己的心跳也变得很快，很难受。实在坚持不下去了，就从鸡圈走出来，休息一会儿，但是吴昕还在那里坚持着一个人去捉鸡。其实她也挺怕鸡的，看她一个人瘦瘦小小的，我就劝她放弃吧，她还是坚持着要把任务完成。

那时候有被她感动到，在她的坚持下，虽然自己的心脏跳动还没有恢复正常，我还是顶着巨大的心理阴影继续走到鸡圈里去捉鸡。那一期虽然我们是最后一名，不过还好，我克服了自己的心理障碍，最终完成了任务。

大家在节目中看到的吴昕可能是一个有些胆小的女孩，但其实面对一些极限运动，每个人都会有这样的反应。比如蹦极、跳海，任何一个不大喜欢极限运动的人第一次接触到这些项目都会害怕。但我挺佩服她的，她虽然会表现出怯场，但依然能坚持完成项目，这也是她身上难得的勇气。

这个节目录制的全过程中，每一项都非常有趣，也挺考验自己的耐力和接受新事物的能力，总体来说是掺杂了汗水和欢笑的一次成长。

而对于我来说，参加这个节目后，我更加深刻地体会到了团队协作的重要性。一个人再厉害、再有能力，但是如果团队的力量跟不上，那也没有多少实际意义。

节目中丁子高是我特别佩服的一个人，无论是体力还是智商，都属于强者，他也是一个很厉害的对手。节目结束后，我们两个人私下约定，有机会的话，要组团去参加国际版的 *The Amazing Race*，如果真的去参加，那我现在应该加强锻炼了。

参加完这个节目，感觉自己变得更勇敢了，也更懂得跟别人相处了，更明白团队协作的重要意义。其实回头想想，在节目中遇到的那些困境，不就像我们人生经历的一些挫折吗？每一段赛程，都有新的挑战等待着我们，需要我们逐个克服。而我们的漫漫人生路不也是这样吗？充满了艰辛和苦难，需要我们鼓起勇气去克服。

— 公益，让心里满满的 —

现在有一个称谓叫“键盘侠”，说的是那群面对电脑敲键盘或用手机进行网络评论及聊天时，可以毫无顾忌侃侃而谈的人。其实现在很多人做公益就是在微博上呼喊自己要怎么努力地做公益，号称自己捐了多少钱，用尽各种渲染之词。我觉得真正的公益是要亲身去体验才能被触动，之后才会知道自己能为他们做些什么。

参加了很多公益活动，但是我真正的公益之旅，却是从参加一次歌迷组织的山区慰问活动开始的。

我们准备了一些书桌、文具和食物去到那个山区，车开到那里停下，我看到他们的生活条件，心情像是被一只大锤砸中了般沉重。

一村的人住在一个石头山上，也不能种别的东西，只能种一些柿子树，养点鸡，每次就摘一些柿子，拿点鸡蛋下山卖。一家四口人，一年的平均收入也才 99 元，很贫穷。

看到一户人家，住的房子特别小，更准确地说应该是一个棚子，旁边就是猪圈，味道还特别大，整个棚子都快塌了。

那里的孩子也没有鞋穿，大冬天还光着脚在石头上跑来跑去。看到这样的场景，真的很心酸，觉得他们太可怜了。

我们把带去的东西送给那群孩子，虽然礼物很简单，但他们很开心，露出那种很纯粹的笑容。那时候，我也能感觉到他们内心的喜悦，看到这种笑容，就会特别开心，觉得温暖极了。

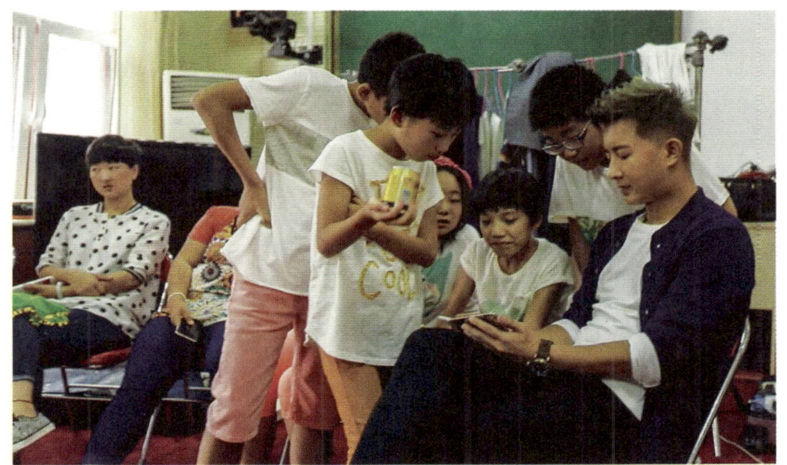

回去之后，还依然会想起那些场景，我觉得自己应该做些事情来帮助他们。后来，我选择了 7 个最贫穷的孩子，决定资助他们直到大学毕业，我对他们爸妈的唯一要求就是一定要支持孩子学习。

现在每年还会带他们几个来北京玩儿，但是由于他们还要上学，所以只能和他们短暂待几天而已。每次他们走的时候，我们都会拥抱告别，那时候挺舍不得的，感觉像和自己的孩子离别一样。

新专辑中有一首歌叫《深夜听歌流眼泪》，我资助的这群小朋友们也和我一起出演了这支 MV。MV 讲述了几位特别的孩子，因为身体或其他原因，生活拥有诸多不便，但是他们都拥有自己的梦想，有着让所有人为之动容的自强不息精神。

其实他们是一群非常需要关怀、陪伴和鼓励的孩子，我也挺感谢他们的，让我找到了人生的意义。这么多年做公益让自己心里满满的。我觉得自己应该像他们一样，简单一些更好。

现在也一直和芭莎慈善合作，进行一对一捐赠，我觉得这对自己是一个提升，帮助了需要帮助的孩子。每次看到他们那种纯真幸福的笑容，真的觉得自己很幸福。

做公益的这条道路，我会一直坚持下去，当然，我也呼吁更多人能加入到公益的行列中，一起来帮助更多需要帮助的人。

— 青春之后，暮年以前 —

有时候觉得时间走得太快，转眼间，十年就过去了，现在回过去看看，就会问自己，还记得，十年前的样子么?

十年前也做过一些叛逆的事，逃过课、欺负过同学、恶搞过小伙伴，那时的我们热烈而坚持，轻狂而执着，以为这就是青春。

十年前只有几个朋友，但他们却是生活中很重要的一部分。和他们一起欢笑，一起成长，一起做着叛逆的事，一起畅想着青春的梦想和在迷雾中的未来。那时候我们都还很年轻，时时刻刻透露出一种桀骜不驯的气场，以为付出努力就一定会有收获，以为年轻就是资本，即使选择错误，也不怕重新来过。那时候我们很纯真，以为友谊能长存。

毕业后，喝醉酒，一起砸酒瓶子，道别，那些说着永不分离的人都走散了，以为从此青春不再。

出了学校，才知道混社会犹如混江湖般曲折艰辛。去朋友家蹭住过，也住过地下室，以为这就是人生之至苦，却不知道，这些小事，在人生的漫漫长路中，都只是九牛一毛。

一个人远离家乡，到异乡他国漂泊，没有朋友，尝尽委屈，逐渐学会沉默。随组合出道，遭遇不公平待遇，依然坚持表演，相信努力会有收获，还好自己坚持了下来。

十年，从恋爱到失恋，从惊喜到失望，从失望到放弃。逐渐明白，在对的时间遇见对的人是幸福，在错的时间遇见错的人是青春。也许，青春就是混合了眼泪和心酸的一段时光吧。

谁的青春没有被辜负过，谁的青春不曾迷茫过。不经历挫折的青春，怎么能品尝到成功的甜蜜。

十年，这中间经历过多少难忘的岁月呀，而我也在岁月的碾压下变了一个样子。从一个普通人变成一个艺人，从一个羞涩的大男生变成了三十而立的男人，从一个极其感性的人变得理性稳重，从幼稚走向了成熟，从懈怠转变为勤奋，从内敛到现在的侃侃而谈。随着见识的增长，环境的变迁，也越来越肯定现在的自己。感谢时光，让我不断成长。

感谢自己现在还能思路清晰地回顾过去的十年，虽然现在说未来有些缥缈，但还是希望下一个十年，自己能更努力、更有勇气、更阳光、更积极地过好每一天。

现在也不断给自己充电，除了努力做一个演员，还报读了 MBA 班，希望能学习更多管理类的东西，让自己在综合能力上有一个提高，也能更好地经营自己的团队。

现在逐步创办了自己的时尚品牌，包括中高端配饰和服装。拥有自己的潮流品牌，其实也是我一直以来的愿望。希望未来的我，能把自己的品牌经营得更好，得到更多人的肯定。

虽然感觉青春已经逐渐离自己远去了，但这也是我的成长，未来除了想做一个好演员外，我还会逐步转型做一些幕后的工作，比如投资电影，做好自己的品牌等。对于未来，我充满了信心。

出品

庚心工作室 @庚心工作室
斯坦威图书 @斯坦威图书
乐华娱乐

出品人：申明
总策划：李佳铌　孙乐　李晓萍
总监制：申明　李佳铌　马晓娜
出版统筹：谭佳宾　肖宇
宣传统筹：曹荣　杜帅
发行统筹：李悦　白静
照片提供：庚心工作室　韩庚　邱钰

艺人经纪：孙乐
艺人宣传：李晓萍　李政
业务主管：王瓅珺
执行经纪：王岩岩
艺人助理：刘文杰

责任编辑：高霁月　王巍
特约编辑：丁瑞琼
整体装帧设计：异一视觉

图书在版编目（C I P）数据

夜伴三庚 / 韩庚著 . -- 北京 : 北京联合出版公司 ,
2015.12
ISBN 978-7-5502-6636-0

Ⅰ . ①夜… Ⅱ . ①韩… Ⅲ . ①韩庚 – 生平事迹 Ⅳ .
① K825.76

中国版本图书馆 CIP 数据核字 (2015) 第 264218 号

夜伴三庚

韩庚 著
责任编辑：高霁月　王巍

北京联合出版公司出版
（北京市西城区德外大街 83 号楼 9 层 100088）
北京盛通印刷股份有限公司印制 新华书店经销
字数 120 千字 787 毫米 ×1092 毫米 1/16 印张 16
2015 年 12 月第 1 版 2015 年 12 月第 1 次印刷
ISBN 978-7-5502-6636-0
定价：59.80 元

Defaults on
local govts'
debt 'unlikely'
Some could face difficulties with
repayments in the short term